SeaEagle

SeaEagle

所有關於「成功」的秘訣，都在這本書裡！

這是一本成功學的絕對經典

一生的財富

LIFELONG'S FORTUNE

我認為，沒有任何東西比馬登的書，
更值得推薦給每一位年輕人。

— 美國前總統 威廉·麥金萊（William McKinley）—

最受歡迎的美國作家，比爾·蓋茲的精神導師！
歐巴馬、柯林頓、巴菲特、賈伯斯的成功，都是受到他的影響！

美國總統
威廉·麥金萊

成功學家
拿破崙·希爾

文學大師
林語堂

★★★★★共同推薦

ORISON MARDEN
奧里森·馬登／著
肖衛／編譯

前言

奧里森・馬登（一八四八—一九二四）是美國著名的《成功》雜誌的創始人，他的著作卷帙浩繁，內容豐富，鼓舞一代又一代的年輕人。

在西方，他是比戴爾・卡內基、拿破崙・希爾等人更早幾十年研究成功學的勵志導師，被人們稱為美國成功學的奠基者和偉大的勵志導師。

奧里森・馬登一生所著的書極多，至今在亞馬遜網路書店還有五十多種被推薦為經典的成功勵志讀物。他的書上市以後，立刻受到人們的喜愛，極為暢銷，許多學校指定為教科書或是參考書，很多公司也把這些書作為員工的指定讀物。

在商人、教育人士、政府官員中，他的書也很受歡迎。他的著作被翻譯成二十多種語言，暢銷全世界。

為了讓人們一覽奧里森・馬登著作的全貌，並且吸取其中的營養，本書融合其五十本著作

一生的財富

的精華，並且加以篩選編纂，堪稱成功學的曠世經典，期望人們用最少的時間，得到最完整的成功精髓，在讀過他的著作以後，奮力向前。

此外，在翻譯整理過程中，參考了許多前輩學人的譯本，在此一併感謝。

目錄

前言

—第一篇— 創造成功的機會

第二篇 累積一生的資本

一第三篇一
最大的財富

一第四篇一 走向積極的人生

一第五篇一 我注定成功

一第六篇一 對自己投資

一第七篇一
正確思考的奇蹟

一第八篇一
高貴的個性

一生的財富

第一篇

創造成功的機會

創造成功的機會

無數英雄偉人們在敵人顧慮重重、面對機會猶豫不決時，他們果敢地抓住機會，戰勝對手，進而取得成功。這些人總是能當機立斷，堅定不移，把全身心力投入到實際行動當中，以贏取勝利。

「能不能直接從這條路穿越過去？」拿破崙問他的探路先鋒們。這些人對阿爾卑斯山聖伯納山口的地形有一點瞭解。「可能行的，」他們不太確定地回答，「但我們不敢保證一定可以。」「那就前進吧！」身材不高的拿破崙堅定地說道，他知道前面的道路非常難走，尤其是聖伯納山口。

英國和奧地利的軍隊得知拿破崙想要跨過阿爾卑斯山的消息時，忍不住拍掌歡慶，因為他們非常清楚那裡的地形：那可是一個從來沒有車輪碾過，也不可能有車輪能夠從那裡碾過的地方。困難更不止這些，拿破崙還率領著七萬軍隊，拉著笨重的大炮，帶著成噸的炮彈和裝備，以及不計其數的戰備物資。

但是，被困的馬塞納將軍在熱那亞處於生死關頭時，一向認為勝利在望的奧地利人看到拿破崙的軍隊從天而降，他們都驚呆了。拿破崙沒有像其他行者一樣被高山嚇住。沒有從阿爾卑斯山上潰退下來。拿破崙在任何事情面前都不承認失敗，他堅信他會勝利。

很多人都認為「不可能」的事情一旦成為事實時，總會有人說，這件事早就應該做成了；還會有人找藉口說，他們遇到的巨大困難沒有人能夠克服，而且把在困難面前的退卻當成是順理成章的事情，這樣便於自己推諉責任，不用面對必須解決的困難。世上有很多指揮官，他們同樣有精良的裝備，戰備物資也很充足，有善於穿越崎嶇山路的士兵，但是他們卻沒有足夠的堅強和果敢。拿破崙在困難面前沒有退縮，儘管這種困難沒有人能夠克服。他需要前進，所以他果斷而又明智地為自己創造勝利的機會。

美國南北戰爭的英雄格蘭特將軍在紐奧良戰場上身受重傷。就在這時候他接到命令，命令他去指揮查塔努加的戰役。當時，聯邦軍被南方軍圍困住了，形勢越來越嚴峻，聯邦軍隨時都面臨著全軍覆沒的危險。一到晚上，四周群山上到處是敵軍燃起的篝火，南方軍聲勢十分浩大，聯邦軍軍心有些動搖了。而更為嚴重的是，聯邦軍快要糧盡彈絕了。格蘭特沒有被眼前的困難嚇住，毅然揮師前往新的戰場。

格蘭特翻山越嶺，跋山涉水，歷盡千辛萬苦，最後在四名士兵的幫助下，格蘭特將軍安全抵達了查塔努加。一個偉大的指揮官到了！他的到來使聯邦軍軍心大振，他才可以扭轉戰局，事實上也只有他能夠扭轉戰局。整個軍隊都為他的堅韌毅力所鼓舞，士兵們都鬥志昂揚。敵人仍然在一步步地逼近，但是在格蘭特還沒有來得及指揮軍隊與敵人決戰時候，北方軍隊及時趕到，將南方軍隊全部擊潰，奪回了失去的陣地。

要是沒有格蘭特將軍坐鎮軍中，要是格蘭特將軍沒有堅定的意志和果敢的行動，戰局可能又是另外一種情況。

難道意志力、勇氣與決心會使所有的情況為之改觀？否則為什麼賀雷修斯單槍匹馬深入敵軍陣地而令數萬托斯卡軍隊震驚萬分，不敢攖其鋒芒，直至穿越台伯河的橋轟然倒塌？為什麼萊奧尼達斯能夠以少勝多，在溫泉關阻遏波斯百萬大軍？為什麼德米斯托克利能夠在希臘的海邊大敗波斯的戰艦，致使波斯軍隊元氣大傷？為什麼凱撒在發現戰局對自己不利時，挺起長矛，緊握盾牌，身先士卒，使得他的軍隊又迅速集結，最終反敗為勝？為什麼溫克爾里德與敵軍血戰身受重傷時，他依舊傲然挺立，掩護戰友，讓他們步步進攻，殲滅敵人？為什麼拿破崙在經年累月的戰鬥生涯中，百戰百勝，威震歐洲大陸？為什麼內伊在無數次戰鬥中總能化險為夷，將險敗戰局扭轉為大獲全勝？為什麼威靈頓公爵久戰沙場卻從未被打敗過？為什麼佩里能夠離開勞倫斯河，奮不顧身前往尼亞加拉大瀑布，而令英國侵略者聞風喪膽，逃之夭夭？為什麼在聯邦軍不斷潰敗時，謝里丹將軍趕到溫徹斯特，身先士卒、勇往直前，殺入敵陣、力挽狂瀾？為什麼謝爾曼將軍揮刀策馬直奔敵將，向他的士兵們揮手致意，然後手起刀落，砍殺敵將，他的士兵們立刻軍心大振，尾隨其後，殺入敵陣，將敵軍打得大敗而逃？

這樣的例子多得不勝枚舉，它告訴我們有無數英雄偉人們在敵人顧慮重重、面對機會猶豫不決時，他們果敢地抓住機會，戰勝對手，進而取得成功。**這些人總是能當機立斷，堅定不移，全心投入到實際行動中，贏取勝利。**

不錯，你會認為拿破崙無人能及；但是，另一方面，你不能忽視的是，當今任何一個年輕人面對的困難與艱險，絕對沒有拿破崙跨越的阿爾卑斯山那樣既高又險。

出身貧困的總統

他沒有屈服，他不讓任何一個發展自我、提升自我的機會溜走。他視時間為生命，他像抓住黃金一樣緊緊地抓住零星的時間，從不浪費時間。

「我家很窮，可以用一貧如洗來形容。」美國前副總統亨利·威爾遜這樣說道，「當我還只有一歲的時候，貧窮已經把我的父母折磨得死去活來。我一輩子都不會忘記，當我向母親要一片麵包而她手中什麼也沒有時是什麼滋味。我從十歲到二十一歲都在當學徒，每年能夠接受一個月的學校教育，在苦熬十一年後，我得到一頭牛和六隻綿羊作為報酬。我把它們換成八十四美元。我二十一歲了，長這麼大，我從來沒有隨便浪費過一美元，每分錢都是經過精心算計的。我靠雙腳步行在陡峭的山路累得全身虛脫乏力時，我不得不請求我的同伴們丟下我先走……沒過多久，我帶著一隊人馬，進入沒有人煙的森林裡，去採伐那裡的圓木。每天，天還沒有亮，我就會第一個起來，然後就一直辛勤地工作到天黑後什麼也看不見為止。在一個月不分白天黑夜的辛勞努力之後，我獲得了六美元作為報酬，當時它對我而言可是一筆不小的數目啊！我激動得一夜失眠。」

生存條件雖然如此不利於威爾遜，但是他沒有屈服，他不讓任何一個發展自我、提升自我的機會溜走。**他視時間為生命，他像抓住黃金一樣緊緊地抓住零星的時間，從不浪費時間。**

在他二十一歲之前，他透過各種途徑讀了一千本好書——對於一個農場裡的孩子，這簡直是一個奇蹟！在離開農場之後，他步行到遠在一百英里之外的麻薩諸塞州的內蒂克去學習皮匠手藝。他不辭勞苦步行經過了波士頓，在那裡他可以看見邦克・希爾紀念碑和其他歷史名勝。數百英里的路程，他只花費了十六美元。一年之後，他成為內蒂克眾多辯論俱樂部的名人。後來，他在麻薩諸塞州的議會發表著名的反對奴隸制度演說，這使他在麻薩諸塞州名聲大噪。十二年之後，他與顯赫人物查爾斯・薩姆納平起平坐，進入美國政壇。

對於威爾遜來說，任何一個機會都是巨大的轉捩點。他沒有錯過也沒有放過任何機會，最終他得到豐厚的回報。

沒有背景的年輕人

我將像真理一樣嚴厲無情，像正義一樣巍然不倒。我的情感發自肺腑。我既不會含糊其辭、模稜兩可，也不會為自己尋找藉口；我將堅守陣地，不退卻半步；我相信，終有一天世界將聽到我的聲音，並且支持我。

幾百年前，兩個沒有任何教育背景、默默無聞的年輕人在波士頓一個旅館裡見面，他們決心要對這個社會一種根深蒂固的制度——黑奴制度發起挑戰。但是，對兩個初出茅廬的年輕人來說，他們的想法對別人而言有點異想天開。在世俗的眼光中，他們的行為顯得十分荒謬。要知道，他們面對的是多麼強大的敵人——黑奴制度根深蒂固，影響深遠，而且還與所有其他的社會制度和既得利益有密切的關係，無論是學者、政客、教會人士還是顯赫貴族，也無論平常他們如何明爭暗鬥，都一致地擁護黑奴制度。

在這麼惡劣的條件和環境下，這兩個年輕人要向黑奴制度挑戰可謂困難重重。儘管前進的路途中充滿艱難險惡，儘管很難實現他們的目標，但是在他們的靈魂中卻熊熊燃燒著神聖崇高的信仰之火，他們早已置生死於度外，除了前進，他們沒有退路。這兩個年輕人中的一個——班傑明·倫迪——很早就在俄亥俄州創辦一份積極進步的報紙。他每個月都要跋涉二十英里，往返於印刷廠幾次，一個人把重重的報紙背回家。為了擴大報紙的知名度，他不辭辛苦地徒步穿越四百英里到田納西州做宣傳。班傑明·倫迪的意志是多麼的堅強啊！

有了志同道合的好友威廉·加里森的幫助，他更有信心了。在當時，這個城市的大街小巷到處都是被縛住手腳的奴隸；那些被裝在運奴船上的黑人淒涼地離開家鄉和親人，被人廉價買去；奴隸拍賣市場上的情景更是令人心碎、慘不忍睹；對反抗的奴隸，奴隸主們會施與暴力，手段之殘忍，令人髮指，這令加里森義憤填膺，更加堅定了向黑奴制度挑戰的決心。由於家庭貧困，加里森沒有錢去學校讀書，但是早在幼年時期，母親就諄諄教導他要是非分明，憎恨黑暗，這個年輕人決定要為那些受苦受難的黑人們爭取自由。

在他們的第一期報紙中，加里森強烈地抨擊了萬惡的黑奴制度，要求廢除奴隸制度，結果引起了譁然大波，侮辱和謾罵排山倒海般地向他壓過來。後來，他被關進了監獄裡。他在北方的一位志同道合的朋友約翰·惠蒂埃深深地被他的行為感動了，後來，因為加里森沒有錢為自己交納罰金，惠蒂埃只好轉而寫信給亨利・克萊，請求他為加里森交罰金把加里森解救出來。在四十九天的牢獄生活後，加里森重新獲得自由。

溫德爾・菲利普斯非常佩服凜然大義的加里森：「他在二十四歲時，因為拯救可憐的黑奴而被監禁。他還是正當青春年華時，就對黑奴制度提出挑戰。」

在波士頓，加里森舉目無親，雖然如此，但是加里森依然在戰鬥。在身無分文的情況下，他在一間非常窄小的閣樓上，開始《解放者》的創刊。看看勇敢的加里森在第一期報紙上的無畏宣言吧：「我將像真理一樣嚴厲無情，像正義一樣巍然不倒。我的情感發自肺腑。我既不會含糊其辭、模稜兩可，也不會為自己尋找藉口；我將堅守陣地，不退卻半步；我相信，終有一天世界將聽到我的聲音，並且支持我。」

加里森是一個真正值得可歌可泣的英雄，他孤軍作戰，憑著自己堅強的意志以及不懈的努力，與那個時代最根深蒂固的黑奴制度作戰。

有一個顯赫人物寫了一封信給波士頓市長奧蒂斯，信中說有人送了一份《解放者》給他，他要求追查出版這份報紙的人。奧蒂斯回信說，「出版這份報紙的人，是一個貧困的年輕人。在一個光線昏暗的洞裡，印刷這份不起眼的報紙，幫助他一起印刷的是一個黑人男孩，支持他的是一些有各種膚色的人，他們全都默默無聞，成不了大器。」

事情沒有人們想像的那麼簡單，正是因為這個吃飯、睡覺和工作都在那個「光線昏暗的洞裡」的年輕人，經過他不斷的努力，影響好了幾代人。

對於加里森的出現，美國當局非常的恐慌，南卡羅萊納州的警戒機構重金懸賞加里森，要求對所有被發現傳播《解放者》的人嚴懲不貸。有一個或兩個州的行政長官也懸賞捉拿加里森。喬治亞州的立法機構貼出告示對捉拿加里森的人重賞五千美金。加里森和他的助手到處受到人們的攻擊和指責，他們陷入了困境。

有一個名叫洛弗喬爾的人是加里森的支持者，在保護加里森的印刷機時被一夥暴民殘殺致死。在被稱之為「美國自由傳統的搖籃」的麻薩諸塞州，幾乎全部的企業巨頭、權威人物和文化名流都為了自己的利益站在一起，憤怒地要求嚴懲這位「廢奴主義者」。在人山人海的集會上，只有一個人，一個名叫溫德爾・菲利普斯的正義的年輕律師，大義凜然地走到台上為加里森辯駁，他發表熱情洋溢、激昂的演說。

「我聽說紳士們一口咬定殺死牧師洛弗喬爾的兇手是加里森時，當加里森的名字成為廢奴主義者的代名詞時，」溫德爾・菲利斯一邊說，一邊指著奧蒂斯以及其他社會名流，「我想尊敬的奧蒂斯先生以及其他德高望重的先生們一定會發出憤怒的聲音，譴責那些居心叵測的美國人，譴責那些對死者進行無端誣衊的無恥小人。在我們生活的這片神聖的土地上，到處都灑滿了正義者的鮮血，根據那個逝去的靈魂的所作所為，在我們生活的這塊廣闊的土地上，每一片青翠的樹葉，每一片海灘，每一塊耕地，每一隻鳴叫的昆蟲，甚至就連樹木中的流淌的樹液，都不會忘記他。」

演說贏得了如雷貫耳的掌聲。

在北方的先驅者和南方的奴隸主之間，一直存在漫長而激烈的衝突，即使是在遙遠的加州，兩種勢力的衝突也是很激烈的。隨著內戰的爆發，這種衝突也達到了最激烈的程度。內戰以北方軍隊的勝利而告終，歷經三十五年一直不屈不撓英勇鬥爭的加里森成了國家英雄。他看到了星條旗重新在薩姆特要塞上迎風飄揚，一位被解放了的奴隸向他致上熱情洋溢的歡迎詞，他的兩個女兒，這兩個如今已經獲得了自由的姑娘，把一個美麗的花冠戴在了加里森的頭上，她們以及所有被解放的黑奴都非常感激他。他的功績將永載史冊，他點燃的火炬照亮別人的心靈，而且永遠都不會熄滅。

林肯的成功經驗

成功和勝利不是由你的出生或家庭條件決定，真正決定你未來成功還是失敗的是你的意志是否堅強，你有沒有不達目的誓不罷休的決心，以及你有沒有一個明確的人生目標。

出身於貧困家庭的人，經過自己不斷的努力和執著的追求，終於成為引人矚目、出類拔萃的風雲人物，這種極富教育意義的例子多不勝舉。以下的這個例子更具有教育意義：一個出身於家庭極為貧窮的男孩，既沒有上過學，也沒有書本或老師，更沒有任何幸運的機會，但是作為美國內戰期間的總統，他卻改變了整個美國，以其樸素的智慧和崇高的人格贏得了世人的崇敬。這個人就是亞伯拉罕·林肯。

林肯是一個性格獨立的人，他獨自一個人到森林砍伐木材，修造了既沒有地板也沒有窗戶的簡陋小木屋。就在這個小木屋裡，林肯分秒必爭地借著壁爐裡微弱的火光自學。為了學好

這是一本
成功學的絕對經典

《布萊克斯通評論》，他歷盡千辛萬苦終於買到了珍貴的資料，而在回家的路上，他已經迫不及待地看完了一百頁。

毋庸置疑的是，上帝對亞伯拉罕・林肯非常不公平，沒有賦予他任何有利的機會，他為成功付出了很多很多。促使他成功的直接因素就是持之以恆的努力、堅強的意志、高尚的心靈。正是這些因素，促使他從不利的環境中突圍出來，藉由努力取得成功。

另一個成功的例子就是詹姆士・加菲爾。

在俄亥俄州森林裡的一間破爛的小木屋裡，一個可憐的寡婦抱著她剛剛出生的孩子，祈求上帝能夠保佑她把孩子扶養成人。光陰荏苒，當年抱在手中的嬰兒慢慢地長大了，為了替母親減輕負擔，年小體弱的他便劈起了木材，並且在森林中開墾出了一片荒地。除了做一些力所能及的工作外，他把每一分鐘都用來學習他所借來的書本。十六歲時，他欣然接受把一群騾子沿著坎坷不平的小路趕到目的地的任務。不久，他在一個學校獲得了一份清掃走道和打鈴的差事，以此來支付在那裡的學習費用。

他在第一個學期沒花多少錢。當下一個學期開始，他回到學校時，口袋裡已經沒剩下多少錢了。第二天，他把口袋裡所剩的錢都扔進了教堂的捐獻箱中。接著，他又在一位木匠那裡找到工作，做一些零碎繁瑣的雜工，每個星期的報酬是一美元六美分；更令他欣喜的是，他只需在晚上和周末不必上課的時間來工作。有一個星期天，他到了那個木匠那裡工作，那一天他幹得非常賣力，得到一・二美元的報酬。當學期結束時，他沒有拖欠學校的錢，而且還有三美元的剩餘。那一年的冬天，他以每個月十二美元的報酬當起了老師，另外還兼職拼命賺錢。等到來年春天時，他已經積攢了四十八美元，他靠這筆錢交齊了學費以及其他費用。

他在威廉斯學院刻苦學習，畢業的時候，他是全學院最優秀的畢業生。在二十歲那年，他成功地進入州議會；三十三歲就進入國會，若干年前，他還是一個身無分文的人，在若干年之後，竟然奇蹟般成為美利堅合眾國的總統，他就是詹姆士・加菲爾。詹姆士・加菲爾的成功激勵著所有想成功的人。

歷史上的英雄人物絕大多數都曾經有過艱辛的童年生活，他們生活在貧困的邊緣，但強者總是善於找到生命的支點。他們面對困難不屈不撓，堅韌地承受著生活的艱辛，從不自暴自棄，以不懈的努力克服各種困難，在脫離了貧窮困苦的同時也脫離了平凡，終於功成名就。

「似乎美國所有的偉大人物都是出身於貧困的家庭。」有一個英國名流在看了一本美國傑出人物的傳記之後，發出這樣的感慨。

只要我們擁有健全的五官和四肢，再加上一個堅定不移的目標，我們沒有理由悲觀，我們應該充滿自信。對那些生活在這片土地、善於抓住和捕獲每個機會的年輕人來說，成功和勝利

這是一本
成功學的絕對經典

不是很困難的事情，你必須知道，成功和勝利不是由你的出生或家庭條件決定，真正決定你未來成功還是失敗的是你的意志是否堅強，你有沒有一個明確的人生目標，以及你有沒有不達目的誓不罷休的決心。

熱忱造就的奇蹟

年輕人最大的個人魅力，是他滿腔的熱忱。在年輕人的眼裡，前途是一片光明，沒有黑暗，即使會遇到險境，最終也能夠化險為夷。他不知道世界上還有「失敗」這兩個字；他相信憑藉自己的才華一定能夠在自己所熟悉的領域開拓出一片天地。

年輕人最大的個人魅力，是他滿腔的熱忱。在年輕人的眼裡，前途是一片光明，沒有黑暗，即使會遇到險境，最終也能夠化險為夷。他不知道世界上還有「失敗」這兩個字；他相信憑藉自己的才華一定能夠在自己所熟悉的領域開拓出一片天地。

家人為了不讓少年韓德爾接受知識與音樂的薰陶，把樂器都藏了起來，也不讓他上學。可是，這一切終究是徒勞的。每天的半夜三更他就偷偷爬上一間秘密的閣樓，那裡有一架早就廢棄的老鋼琴，他就在那裡開始練習鋼琴；少年巴赫為了抄錄他所看的書籍的內容，去跟別人借

這是一本
成功學的絕對經典

一支蠟燭也被粗暴地拒絕，但這算不了什麼，他還是能夠借著月光抄錄完成，沒有因此氣餒。大畫家魏斯特小時候就喜歡塗塗畫畫，父母沒有多餘的錢給他買畫筆，他就把家裡的小貓偷偷騙出來，拔了貓身上的一些毛做了一支畫筆；傳說中弗利基亞國王戈爾迪親手打的那個極具神秘性的結，多年來一直沒有人能解開，直到馬其頓國王亞歷山大果斷勇敢，一劍斬斷。

英國著名作家查爾斯‧金斯利寫道：「年輕人那種特有的蓬勃朝氣和熱忱，是最令人欣慰的。每次那些青春不在的人暗地裡回顧自己當初的這種熱忱，總會帶有一絲遺憾和惋惜，但是他們一直都沒有意識到，這種熱忱之所以離他們而去，很大一部分原因在於他們自己。」

眾所周知，但丁的熱忱為世界帶來了福音。

丁尼生十八歲就寫出他的成名作，十九歲就贏得了劍橋大學的金質獎章。英國作家羅斯金說：「任何一種藝術，最傑出、最優秀的作品都是出自年輕人之手。」「差不多所有的英雄壯舉都出自於年輕人。」英國政治家迪斯雷利這樣說。「上帝統治著所有的一切，而年輕人卻統治著上帝。」美國政治家特朗布林博士這樣評價年輕人。

年輕的赫拉克勒斯歷盡千辛萬苦，終於完成了使命。年輕人總是熱情洋溢，信心十足。年輕人聽任心靈的支配，而成年人總被大腦制約著。當初，歐洲文明正在萌芽，亞洲人長驅直入，是年輕的亞歷山大把他們驅逐出境的。拿破崙征服義大利時，剛好二十五歲。雖然拜倫和拉斐爾三十七歲離開人世；濟慈二十五歲便已去世；雪萊二十九歲英年早逝，但是他們生前都已聲名遠播。羅穆盧斯二十歲就締造了羅馬；皮特與博林布魯克都在沒有成年的時候就成了政治家；牛頓在二十五歲前，就已成了聞名世界的大科學家，馬丁・路德二十五歲成為成功的改革家。雨果十五歲就開始文學創作，二十歲還不到就已經贏得了法蘭西學院的三項大獎，轟動文壇。

在我們這個時代，一個充滿激情的青年，他的機會遠遠比以前的青年要更多——這是一個充滿青春朝氣的時代。

年輕人當然應該時刻滿懷熱忱，人到了老年，就更應該這樣了。八十高齡的格萊斯頓，他的影響力、他的地位，比起一個二十五歲的、抱有同樣理想的年輕人，無疑要強過數十倍，甚至數百倍。老年人的光榮只能來源於他的熱忱；人們所以向老年人表示敬意，不是因為他的滿頭白髮，而是因為他那顆依然朝氣蓬勃的心。《奧德賽》是一部由一個雙目失明的老者嘔心瀝血的傳世之作，這位老者就是荷馬。

正是因為一位老人——隱居者彼得，在他熱忱的感染下，英國的騎士戰勝了伊斯蘭大軍。

威尼斯總督當多羅九十五歲還征戰沙場，並且取得勝利，他九十六歲高齡被推舉為國王——但是他婉言拒絕了。威靈頓八十歲的時候，還開赴戰場的最前沿。英國哲學家培根和德

這是一本
成功學的絕對經典

國學者洪保德臨死的時候，仍然好學不倦。哲人蒙田晚年雖然身患重病，滿頭白髮的他依然才思敏捷，對生活充滿著熱愛。

詹森博士最優秀的作品《詩人列傳》寫於七十五歲的時候；笛福五十八歲才寫成《魯濱遜漂流記》；牛頓八十三歲還沒有離開他的工作崗位；柏拉圖一生筆耕不輟，他八十一歲的時候，還在床上寫作；湯姆．斯科特八十六歲開始學習希伯來語；伽利略把他對運動定律的研究付諸於紙張上時，已經快七十歲了。詹姆士．瓦特八十五歲還學習德文；薩默維爾夫人八十九歲寫出《分子和微觀科學》；洪保德九十歲的時候，就在他去世前的一個月，完成了著名的《宇宙論》；格蘭特四十歲的時候還沒有成大事，但四十二歲的時候卻成為一代名將；伊萊．惠特尼二十三歲才決定到大學念書，從耶魯大學畢業，他發明的軋棉機使美國南方有了廣闊的工業前景。普魯士的鐵血宰相俾斯麥，八十高齡的他大權在握；巴麥尊勳爵是英國政壇的實權人物，七十五歲時第二次出任首相，八十一歲死於任上。伽利略七十七歲時眼睛雖然什麼也看不見，身體也很糟糕，但仍然每天堅持工作，把他的鐘擺原理應用到了時鐘上；朗費羅、惠蒂埃、丁尼生的不少傑作，都是寫於七十歲以後的。

英國詩人德萊頓年近七旬才開始從事維吉爾《艾尼亞斯紀》的翻譯工作；羅伯特．霍爾為了閱讀但丁原作，儘管已經年過六十，但仍然堅持學習義大利語；詞典編纂家諾亞．韋伯斯特六十歲的時候還學會了第十七種語言。

西塞羅說得好：「做人如同製酒，劣酒存放時間長了就容易變壞，好酒卻會更加醇香。一旦擁有了熱忱，我們還是可以在滿頭銀髮時，依然保持心靈上的年輕，正如墨西哥灣過來的北大西洋暖流，滋潤了北歐的土地一樣。」

你的心沒有老吧？它是否還依舊年輕？如果不是，你根本做不好你的工作。

自信是成功的泉源

與金錢、勢力、出身、親友相比，自信是最重要的東西，是人們從事任何事業最可靠的資本。自信可以幫助人排除各種障礙、克服種種困難，能使事業獲得完滿的成功。

據說，拿破崙親率軍隊作戰時，同樣一支軍隊的戰鬥力，會增強一倍。原來，軍隊的戰鬥力是取決於部下對統帥的敬仰和信心。如果統帥抱著懷疑、猶豫的態度，全軍便會潰散。拿破崙的自信與堅強，使他統率的部隊增加了戰鬥力。

如果有堅定的自信，即使平凡的人，也能做出驚人的事業。缺乏自信的人，即使有出眾的才幹、優良的天賦、高尚的性格，也很難成就偉大的事業。

一個人的成就，不會超出他自信所能達到的高度。如果拿破崙在率領軍隊越過阿爾卑斯山之前，悲哀地說：「這件事太困難了」，拿破崙的軍隊永遠不會越過那座高山。所以，無論做什麼事，堅定不移的自信力，都是達到成功所必需的和最重要的因素。

堅強的自信，就是成功最大的泉源。無論才能大小，天賦高低，成功都取決於堅定的自信力。相信一定能做到，事實上就能夠成功。反之，不相信自己，就絕對不會成功。

有一次，一個士兵騎馬給拿破崙送信，由於馬跑得速度太快，在到達目的地之前猛跌了一跤，那匹馬就此一命嗚呼。拿破崙接到了信後，立刻寫一封回信，交給那個士兵，吩咐士兵騎自己的馬，快速把回信送去。

那個士兵看到那匹強壯的駿馬，身上裝飾得無比華麗，便對拿破崙說：「不，將軍，我是一個平庸的士兵，實在不配騎這匹華美強壯的駿馬。」

拿破崙回答道：「世上沒有一樣東西，是法蘭西士兵所不配享有的。」

世界上到處都有像這個法國士兵一樣的人！他們以為自己的身分卑微，別人所有的一切，是不屬於自己的，以為自己是不配享有的，以為自己是不能與那些偉大人物相提並論的。這種自卑自賤的觀念，往往成為不求上進、自甘墮落的主要原因。

經常有人這樣想：世界上最好的東西，不是他們這一輩子所能擁有的。他們認為，生活上的一切美好的事物，都是留給一些特殊的人。有了這種卑賤的心理後，當然就不會有要成就偉大事業的觀念。

這是一本
成功學的絕對經典

許多人本來可以做大事、立大業，但實際上竟做著小事，過著平庸的生活，原因就在於他們自暴自棄，他們沒有遠大的目標，沒有堅定的自信。

與金錢、勢力、出身、親友相比，自信是最重要的東西，是人們從事任何事業最可靠的資本。自信可以幫助人排除各種障礙、克服種種困難，能使事業獲得完滿的成功。

有些人開始對自己有深層的瞭解，相信能夠成功，但是一經挫折，他們就半途而廢，這是因為自信心不堅定的緣故。所以，光有自信心還不夠，更須使自信心變得堅定，即使遇到挫折，也能不屈不撓，奮勇向前，不會因為小小的挫折就退縮。

從那些成就偉大事業的卓越人物的人格特質就可以看出一個特點：這些卓越人物在成功之前，總是具有充分信任自己能力的堅強自信心，深信自己必能成功。這樣，在做事的時候，他們就能全力奮鬥，破除一切艱難險阻，直到勝利。

瑪麗・科萊利說：「如果我是一塊泥土，我這塊泥土，也要預備給勇敢的人來踐踏。」如果在表情和言行上時時顯露著卑微，任何時候都不信任自己、不尊重自己，這種人自然得不到別人的尊重。

上帝給予我們巨大的力量，鼓勵我們去開創偉大的事業。這種力量潛伏在我們的腦海深層，使每個人都具有宏韜偉略，能夠精神不滅、萬古流芳。如果我們不對自己的人生負責，在最關鍵、最可能成功的時候不把自己的本領盡量施展出來，對於世界也是一種損失。世界在不斷變化，正待我們去創造。

成功的七大要素

成功的要素包括：方向感、瞭解、慈善、勇氣、自重、自信、自我承受。

你要引起重視，它們將會幫助你實現你的目標。它們會將你導向成功之路；它們會導向目標的完成，讓你的成就更加輝煌。你要為你的將來設定目標。你現在拋棄了設定目標的消極思想，就要朝著你設定的目標前進。

你也許是一位風華正茂的青年；也許是一位中年婦女。你也許正在為近期設定目標。這些都不是重要的。重要的是，你必須養成設定良好目標和付諸行動的習慣。

你要記住，你的心中具有成功本能，只要你能夠發動這些本能，成功就指日可待。抵達成功的目標時出現的良好機會就是「成功的契機」。

成功的要素包括：方向感、瞭解、慈善、勇氣、自重、自信、自我承受。細細分析你的成功契機的各大要素。

一、方向感：不管怎麼樣，你必須設定對你有意義的目標；你必須知道你要朝哪方向努力。假如現在沒有通暢的公路，即使你有一輛嶄新的流線型汽車，也是一無用處。

二、瞭解：我們有很多目標必須在別人當中進行，我們必須瞭解他們有些什麼樣的想法，希望什麼，我們又該怎樣與他們交往。我們必須跟他們交往，必須瞭解他們跟我們打交道的方式——不管有多麼麻煩——因為每個人都有自己的恐懼。

三、慈善：能夠知己知彼那當然好，但只瞭解而不體諒，很難再與別人作進一步的交往。因為，如果我們瞭解而又不滿自己所瞭解的人或事，怎麼能改善人際關係而最終實現目標？體諒別人——尤其是體諒自己——這種態度之所以很重要，是因為我們在瞭解別人或自己的同時，看到或發現人類本性的許多脆弱之處。

四、勇氣：有了正確的奮鬥方向，瞭解彼此，相互善處，有了這些，你已踏上成功之路了。這還不夠，你必須充滿勇氣去實現你的目標；要有勇氣躍下跳板才行，否則的話，你的成功契機還沒有成熟。因為，人生中任何事情都不是絕對的，不管你的計畫多麼周密，你無法十拿九穩地坐待預期的結果。如果你有付諸於行動的勇氣，你的人生目標就有了實現的可能；那麼，你的目標才會在你的世界中對你產生意義。

五、自重：在這個世界上任何人都有存在的理由，包括你自己，你必須尊重自己和別人存在的價值。如果你不能重視你自己的價值，可以肯定的是你的目標沒有什麼價值，而即使你能達到你的目標，那種勝利也沒有什麼意義。你必須在你的內心深處感受到你自己的價值，否則，你的成功也許可使別人感到欽慕，但你自己卻非常清楚，那只是浮泛不實的成功，對你而言，可有可無，毫無意義。你必須懂得把你自己視作天之驕子，對別人的看法也是一樣，彼此尊重，那才活得有價值。

六、自信：這與自重有類似之處，但並不完全相同。自信是成功的基礎；時刻給自己打氣，相信自己的能力，成功不是很困難的事情，自己有能力做到成功。生活中，失敗與成功幾乎同時出現，但是我們只要把思想集中在我們的成功上，不時反觀我們成功的時候，我們便可培植出掌握成功契機的自信。這不是說我們應該否認我們的失敗，這不現實。我們應該利用我們的錯誤作為求進步的指標，然後把它們忘得乾乾淨淨。接下來，我們應回想我們勝利的景象，因為自信，所以成功不困難。

七、自我承受：你無法永遠保持自信；有時你會感到束手無策，憂心忡忡。你的緊張會立刻顯示於大庭廣眾之下；他們會以好奇的眼光向你凝視。或者，你可能會做一些魯莽的事情，損害到你自己的利益，或粗心大意地冒犯別人。你的缺陷很多——說一句老實話，任何人都是這樣——所以，你必須學習承認此點。你必須瞭解的是：你的全部人格沒有被你的不足或缺陷所遮掩，它們只不過是你的一部分而已，但是你必須承認這個部分——你想獲得成功就必須這麼做。否則，你會把你的大好時光浪費在自暴自棄上，使你陷入心灰意冷的困境，無論做什麼都難以成功。你絕不可推諉別人，這是你的責任，你應該自我承受。

以上所述，就是成功契機的基本要素，它們將會幫助你實現你的目標；它們會將你導向成功之路；它們會導向目標的完成，讓你的成就更加輝煌。

積極地進取，設定前進的目標，你的人生道路將會越走越寬。

全心全意地工作

我盡量從各個方面學習一切有價值的東西，我完全明白了：將來的一切都將取決於我自己現在的努力。

約翰·亞當斯是一個非常討厭上學讀書的頑童，他強烈要求父親不要再逼他學拉丁語了。「好的，約翰。」父親回答說，「可是，你要去水田裡挖幾條溝，水田必須排水了。」

約翰向來是懼怕他父親的，因為他父親很嚴厲，他不敢不聽他父親的話，更不敢違背他父親。於是，他拿過鐵鍬，在水田裡忙忙碌碌地幹了一天。但是在挖溝的時候，他進行深刻地自我反思。那天晚上，他請求父親允許他第二天繼續去學習拉丁語，父親答應了。從此以後，約翰十分熱愛學習了，而且還很刻苦，另外還養成了認真對待任何事情的做事習慣。結果，他成了美國獨立戰爭時期的領導人物之一，後來他當上了美國的第二任總統。

「我只需要養活自己時，我幹嘛還一定要努力工作呢？」有很多年輕人竟然問這樣的問題。如果一個人不必供養母親、姐妹或者妻子，這是老天爺在幫他的忙，他竟然不懂得：在生活中奮鬥對塑造自己的品格和完善自己的個性也是十分有益的。

有一個很有錢的人，小時候沒有優越的物質條件來接受良好的教育和培養各方面的文化素養，但是他靠勤勞的雙手成就了一番事業，犧牲個人的舒適生活為後代留下一大筆產業。但在臨死時，他非常難過地說道：「在他們的教育和職業訓練方面，我花費的金錢與心血實在太少了，他們從來不清楚缺錢是什麼滋味。本來，再沒有人能像我的兒子們這樣有條件成為正直而受人尊敬的人，但結果卻事與願違。一個是醫生，但是卻沒有一個病人找他看病；一個是律師，很長時間連一個顧客都沒有；第三個經商，可是他從來不到自己的公司去看看經營的狀況如何。我苦口婆心地勸說他們要兢兢業業，要注意節儉，要嚴格要求自己，但是他們把我的話當成了耳邊風。他們竟這麼回答：『沒必要，父親，我們不缺錢。我們也不可能會缺錢。』」

有一本書裡講了西拉斯・菲爾德的故事，他是著名的企業家和大西洋電纜建設工程的負責人。十六歲那年，他離開斯托克布里奇的家到紐約去賺錢。離開家門的時候，他的父親給了他八美元，這是全家人勒緊褲帶好不容易才節省下來的。一到紐約，他就去了哥哥大衛・菲爾德的家裡，後來他的哥哥成為紐約法律界的顯赫人物。在哥哥家裡居住的時候，西拉斯・菲爾德心情很不好，從他臉上就看得出來，有一位名叫馬克・霍普金斯的客人注意到了他。霍普金斯對他說：「假如一個人離家獨立生活後，還想家的話，是不能得到別人尊敬的。」

後來，西拉斯到斯圖爾特的商店裡工作，當時這是紐約市規模最大的乾貨交易店。第一年，他在那裡幹跑腿的工作，年薪是五十美元，他很早就要去上班。在升為店員之後，他在店裡的工作時間是從早上八點直到晚上關門。

「我總是很留心，很謹慎，」菲爾德先生在他的自傳裡寫道，「必須要在顧客到之前趕到店裡，在顧客離開之前從不提前下班。我這樣做就是要使自己成為一個非常優秀的推銷商。我盡量從各個方面學習一切有價值的東西，我完全明白了：將來的一切都將取決於我自己現在的努力。」他經常去圖書館，晚上在那裡看書，另外還參加了一個每個星期六晚上舉辦活動的辯論團體。

老闆斯圖爾特的規定是非常嚴格的。其中一條要求每位店員早上上班時必須登記，中間去吃午餐時間超過一個小時，或者晚餐時間超過四十五分鐘，每次都要罰款。西拉斯・菲爾德從來沒有犯過錯誤，細微之處做得無可挑剔，並且對店裡的工作兢兢業業，因此他很快就得到老闆的信任和器重。

斯圖爾特創業之初就是這個樣子，長大以後他全心全意地經營自己的生意，一天到晚忙個不停。他的制度全面而完善，因此這樣大規模的組織看上去似乎完美無缺。但即使這樣，他仍然十分注意細微之處，直到他去世之前，他還一直都在不斷地考慮如何才可以進一步改進各部門的工作，提高組織的運轉效率。

但是，斯圖爾特的繼承者們卻沒有像他那樣處處為生意著想。按照常理，他們不但可以利用斯圖爾特的經驗，而且所繼承的商店本身是一大筆財富。斯圖爾特創業取得成功之前是一無所有的，但是他的繼承者在管理生意方面卻做得很差。斯圖爾特當年把自己全部的注意力首先集中在商店裡，只有在閒暇的時候才會偶爾想到外面的企業，而他的繼承者卻剛好本末倒置。雖然商店的生意很好，但是經營者不應該忽視一些原則，例如應該時時刻刻關注商店的經營狀況，必須對所有的客戶禮貌有加，應該關注每種商品的進貨、價格和銷售情況……可是斯圖爾特的繼承者們以自己擁有的財產和地位而自以為是，逐漸忽略經營商店的一些原則，他們甚至開始區別對待不同的顧客。結果非常糟糕，生意越做越差，很多老顧客開始抱怨起來。這種不理想的經營狀況一直持續了好幾年，可是因為他們的產業在資本和信譽方面年深日久的累積使得短時間內看不出經營不善的後果。但是好景不長，經營不善的弊端終於慢慢浮現出來了；不僅顧客不停流失，信譽不斷下降，連投資者們也不願再增資了。

不到兩年，斯圖爾特的商店落到了約翰・沃納梅克的手中。沃納梅克也是事業心很強，很有責任感的人。剛創業的時候，他每天步行四英里到費城，為一家書店的老闆打工，薪水是每個星期一．二五美元，但是他雄心勃勃想要賺到他老闆十倍的收入，這就激發了沃納梅克強烈的事業心。作為普通人，只有透過全心的投入和細心周到的努力，才可以獲得像斯圖爾特和沃納梅克那麼多的財富；只有像他們那樣堅持不懈、持之以恆的人最後才會獲得巨大的成功，即使在當他們已經頗有成就時也沒有鬆懈，從不會因此而故步自封。

這些人的例子都告訴我們：全心全意地工作，你就會取得引人矚目的成績。

促進成功的事業心

為什麼他們會執著地追求自己的事業，竭盡全力朝他們的理想前進。好像有一股無形的神秘力量在指引著他們，他們的所作所為不過是順應內心深處的啟示而已。

一個人保持好的思維習慣，總是嚮往最完美的生活，他將受益無窮。不要總是心存抱怨，讓人覺得你對世上的任何事都不滿意，好像所有苦難都是你一個人承受著。全心投入到自己的事業上吧！掌握這門藝術，你將會高瞻遠矚。如果想成就偉大的事業，你就應該為此而積極準備，並竭盡全力，勇往直前以實現目標。

一個隨遇而安、安於現狀、不思進取的人，是不會闖出什麼好成績的。他只是滿足於現狀，無意於進一步的進取，當然，成功也不會青睞於他。

一個有崇高目標、胸懷大志的人，總是在不停地超越自我，拓寬思路，擴充知識，另闢新徑，力爭比周圍的人走得更遠。他有非常堅強的意志，激勵自己做出更大的努力，取得更大的進步。

在年輕人的奮鬥過程中，碰到的最大絆腳石往往是這種錯誤的想法：認為天才或成功是先天注定的。誠然，一粒芥末種子即使在適宜的環境下也有可能不會發芽、生長。但是，只是因為長不成高大的橡樹，只是因為自己不可能像橡樹一樣高直就沒有自信、失去自信，就處在猶豫和徬徨中渾渾噩噩地虛度大好年華，那實在是荒唐可笑。當然，橡樹種子會成長為橡樹，而不會成長為松樹，這是毋庸置疑的。但世上被稱為天才的人，肯定不會比實際上成就天才事業的人要少。英國畫家雷諾茲曾經說過這麼一句話：「天才是一種超越既有藝術規則而能創造完美的能力，這種能力一定要奮發努力才可以獲得。」

有些年輕人總是認為，只有那些才華出眾的天才人物才可以輕鬆取得巨大的成就，這也是一種誤解。要知道，天才都是勤奮的，離開了勤奮工作和辛勞刻苦，成就便無從談起，這就是所謂「業精於勤」的道理。應該盡早在大腦中消除忽視勤奮的思想，事情才會有利於你。

那些成功人士中，幾乎沒有誰能解釋得清：為什麼他們會執著地追求自己的事業，竭盡全力朝他們的理想前進。好像有一股無形的神秘力量，在指引著他們，他們的所作所為不過是順應內心深處的啟示而已。

最初，沒有誰能真正看清希望企及的目標，就像馬拉松比賽一樣，即使是起跑以後，他所能看到的也只是前面不遠的道路。他完全靠自己的努力奮勇前進，這樣能夠令他信心百倍，毫不畏懼，堅持不懈跑下去。雖然遠方的路籠罩在暮靄之中，但永不熄滅的燈火會一直讓他看清眼前的路。這其中的緣由，想必每個人都能理解。

我們明確了自己前進的方向，就不應該再費心思去計畫未來遙遠的路，這樣對自己沒有絲毫好處。一個人沒有必要用迷茫和恐懼，來加重自己的負擔，阻礙自己成長的進程。誰也不可能在同一時間採取多個步驟，進行多種嘗試，我們只能把目標集中於某一點。

如果想把生活中的全部問題一下解決掉，希望一勞永逸，就會貪多求快而消化不良，結果適得其反。但是，充分過好每一天，努力做好眼前的事情，不急功近利。這樣一來，我們的熱情反而會更加高昂，情緒反而會更加穩定，容易爭取更好的成績。這是一種十分正確的生活方式和思維方法，有助於培養務實的性格。積極向上、鍥而不捨地追求更高的理想，可以使我們的心靈更堅強，也能夠提升人格魅力，開闊視野，拓寬思路。

不管你從事什麼職業，或者想為自己做點什麼，必須傾注你的思想。要相信，經過自己的努力，會不斷地向良性方向發展。這是一種令人始終充滿激情的品格，它無法用語言來表達，卻如神的智慧一般偉大。

我們一眼就能看出，誰信心十足，誰奴性十足。高瞻遠矚的人總有難以言表的魅力，他們有與眾不同人的品格，不管他幹什麼，無論是擔任國會議員還是做一個平庸的人，他都能闖出一點名堂。

美國作家梭羅說：「你聽說過誰兢兢業業、開拓進取，最終卻什麼都沒有得到的事情嗎？如果一個人奮鬥不止，他會沒有回報嗎？只要他表現出英雄主義的氣概、寬宏大量的高尚情懷、追求真理的勇氣、誠實守信的風格，他就能夠成功。難道這些努力會白白浪費嗎？」

有多少人在自己的心中築起一道自我封閉的萬里長城，用邪惡的思想、低下的生活理念，不同於別人的生活方式，把自己與幸福的生活隔絕起來。錯誤的思維習慣影響他的生活。有了這種思維習慣，就會對任何事都不屑一顧，吹毛求疵，他們看不到生活的美好。這些人的心中只有擔憂、憤怒和恐懼。

一個人的生活理念將影響他的一生。生活理念可以重塑一個人的性格，改變一個人的生活，也可以影響他的動機和行為方式，他的命運也被其操縱著。整個生活都是在生活理念的指導下進行的。如果精神空虛、格調低下，生活品質也就趨於低劣；反之，則會讓生活五彩繽紛，盡享人生樂趣。

基於這個生活理念，每個人的人生目標會與之相對應，別人也能夠從中看出這個人的風格和修養。我們執著追尋和魂牽夢縈的東西，可以從這個理念中得到答案；而我們在日常生活中所表現出來的個性特徵，也正如自己希望的那樣。自己的一舉手一投足，都是自己生活的外在表現。這些思想看起來像是無意識的表現，或是隨意塗下的幾個字，或是天南海北的閒聊，沒有經過雕琢，但卻直接影響日常生活，從多方面反映著一個人。

教育和文化的功能在於消滅愚昧無知，塑造真正有知識的人。為了達到這個目標，在每個人生活開始的時候，就應該選擇一個高遠的生活理念。

要明確自己的奮鬥目標，牢固樹立積極的生活理念，為事業的成功保駕護航。人性好比一棵花草，在陽光的照耀和雨露的滋潤下，才可以安然成長；不然的話就會枯萎。一個人的靈魂在自私、貪婪、齷齪的環境裡，會變得卑劣低下，自私自利往往會摧毀人的一切。

一個人如果在剛剛步入社會時，就想緊緊抓住身邊每一種東西，這種「初生之犢不畏虎」的熱情固然可貴，但是如果過分膨脹，就會沖昏自己的頭腦，失去控制，最終會徹底毀掉自己的敏感和直覺。一般年輕人對這個方面較沒有深刻的認識，如果誰總是在頭腦裡盤算著什麼，試圖處處算計別人，就會在潛意識裡封閉了自己的心靈；如果能泰然處之，形成正確的生活理念，並把它作為生活的指導原則，就一定能夠獲益匪淺。

如果總是教導年輕人要怎樣投機鑽營、八面玲瓏，學會狡詐處事或是利用別人的弱點，或

這是一本
成功學的絕對經典

是讓他們養成見利忘義的習氣、目中無人，這就好比是在年輕人的頭腦中注入一種思想的毒素。這樣的教育只會讓年輕人把別人看成是自己的墊腳石，不惜踩在別人的肩上往上爬，甚至把別人的不幸作為自己高升的階梯。這種教育只會培養出卑劣的品格，令年輕人走上歧途。

教育的目的就是塑造人們的高尚情操，培養完善的人格。所以，不但要使年輕人精明能幹、洞察敏銳，還要讓他們寬宏大量、心平氣和、充滿愛心、學會忍耐。

有事業心的人都應該有自己的生活原則。他必須認識到每個人都有存在的理由；他也應明白處世的最高準則在於互利互惠。如果教育不能使人明白這些，不能給人帶來輕鬆與愉悅、和諧與力量，這種教育就是失敗的，沒有什麼真正有益的效果。

從事商業活動的人普遍認為的成功象徵就是賺取更多的金錢，而生活中的成功與他無關。許多人在經商方面並不成功，可是在生活方面卻是一個真正的成功者。因為他有更高的信念，更豐富的精神世界和更充實的內心生活。不管在什麼情況下，他都能竭盡全力，充分把握機會，把自己的潛能發揮到最佳狀態。在別人需要幫助時，他也會非常慷慨地伸出援助之手。他對朋友推心置腹，即使遭到誤解，也會寬宏大量、寵辱不驚。也許這種人的物質生活並不富裕，甚至最後一貧如洗，但我們也會把他們視為生活中的成功者。

在自私自利、心理陰暗者的身上，是找不到高貴品格的。生活信念堅定，人生目標明確，行為符合社會準則，不然，就一定是一個失敗者。整天勾心鬥角、算計別人或整天想著怎樣去陷害別人，在與別人交易時一味顧及自己單方面的利益，這種人無法獲得真正的人格尊嚴，也體驗不到偉大的人性之美。

許多人認為自己累積了巨額的物質財富，就是在生活中獲得了成功。殊不知，他們在這樣的奔波中，失去最珍貴的東西。他們認為千辛萬苦掙來的錢，能夠隨心所欲地購買到任何物品，但是真正的精神財富，金錢是根本就買不到的。失去高尚的情操，那些錢也只是一個嘲諷：物質充足、靈魂空虛；物質上的富翁、精神上的乞丐。

人和動物的區別在於人有頭腦、有理智，但動物沒有這些。純粹的呼吸、吃喝只是生存，而不是生活。僅僅把肚子填飽不是真正的生活。對於一個全面發展的人，培養審美的能力，追求美好的東西，期望提高生命價值的本能都是非常必要的。這些東西與食物相比，顯得更為重要。我們的心靈渴望健康成長，就像草木嚮往明媚的陽光一樣。

看見年輕人充分利用業餘時間和假期，竭力完善自我時；看見他們時時刻刻不斷自我充實時，我們確信，他們的財富正一點一滴地累積著。這是一筆永遠也不會消失的財富。看到他們神情專注、竭盡全力時；看到他們惜時如金、提高自我修養時，我們有理由相信，在不久的將來，他們會獲得巨大的成功。

這是一本
成功學的絕對經典

一個追求自我完善、自我充實的人。如果你與人為善、富有同情心、樂於助人，激發他們對生活的熱情，提高他們對生活的認識，你的生活也會變得越來越富足，越來越美好。

這種財富將陪伴你一生，大火燒毀不了，洪水也沖不走，你根本不必為它擔憂。這是人性之美的展現。就像真金不怕火煉，不怕化學反應的腐蝕一樣，人類本身的優秀素質不怕誹謗中傷、肆意詆毀。要知道：是金子就會發光。

熱愛工作創造的奇蹟

一個人喜愛他的工作時，很容易就可以看出來，因為他十分投入，表現出來的自發性、創造性、專注和謹慎，非常明顯。這在那些視工作為應付差事、枯燥乏味的人身上，是根本看不見的。

那些充滿樂觀精神、積極上進的人，做什麼事都幹勁十足、神情專注、心情愉快，自己創造機會、把握機會，一心想把工作做得更好。

兩個人同樣從事一種工作，在態度、方式上卻迥然不同。有很多十分擅長處理家務的家庭主婦，不管她們是做麵包、鋪床、還是擦洗家具，都是一副全心投入的專注神態。她們以積極的心態做這些事，並且從中享受到樂趣。這在另外一些主婦看來是十分單調乏味的事情，在她們看來，卻妙不可言。

她們能從家務事中體會到藝術的美。不管是照料孩子還是料理家務，都不覺得枯燥乏味。事實上，看著她們以輕鬆愉悅的心情做著家事，看著她們心滿意足，簡直是一種享受。她們心情愉悅地擺放著每一件家具和自己喜愛的小玩意兒，她們的生活品味得到完全的展現。整個家庭的氣氛是那樣的溫馨、舒適，使人的心靈得到慰藉，生活變得更為甜蜜。

還有另外一些家庭主婦，她們把家務活看成是苦差事，如果可能的話，寧願以少活兩年來換取免做一切家務。她們厭惡家務事，只要稍有可能，她們就會拖延或乾脆省掉那些工作，即使是被迫做了一些，也是非常糟糕的，甚至整個房間一片狼藉、亂七八糟，毫無舒適感可言。在這樣的家庭裡生活，心靈怎麼會得到滿足呢？換句話說，她是以應付了事的心態在做事。

一個人喜愛他的工作時，很容易就可以看出來，因為他十分投入，表現出來的自發性、創造性、專注和謹慎，非常明顯。這在那些視工作為應付差事、枯燥乏味的人身上，是根本看不見的。

這樣的情形在辦公室、商店、工廠裡隨處可見。一些職員精神散漫地似乎連走路都要費很大的勁，讓人覺得生活對他們來說是一個沉重的負擔。他們厭惡自己的工作，希望一切都快些結束，他們根本就不清楚，為什麼別人能充滿熱情、幹勁十足，自己卻總是覺得不管什麼事情都很乏味無聊。對工作的不同態度：或充滿熱情或推諉敷衍；或專注投入或冷漠淡然，其最終的結果存在天壤之別。

每個老闆會自然而然地覺得，兢兢業業、神情專注、充滿熱情的員工更值得信任，每次升遷對他們都是莫大的鼓勵。這些員工的積極心態也往往容易感染上司，上司也知道，這樣的下屬在竭盡全力幫助自己，並且對那些散漫拖遝的員工也是一種激勵。另一方面，在那些冷漠、馬虎、懶惰的員工的影響下，領導者的工作態度也會改變很多，存在一種隨遇而安的心理。所以，他會自覺地與有良好心態的員工在一起，關心他們的生活，對那些不專心工作，逃避責任，不注重實績的員工，有一種本能的排斥心理。

即使是補鞋這樣低微工作，也有人把它當作藝術來做。無論是一個補丁還是換一個鞋底，他們都會一針一線地精心縫補。這樣的補鞋匠給你的感覺——他是一個真正的藝術家。但是，另外一些人則相反。隨便打一個補丁，根本不顧及它的外觀。彷彿自己只是在謀生，根本沒有熱情來關心自己工作的品質。而前者好像非常熱愛這項工作，不去想著會從修鞋中賺多少錢，而是希望自己的手藝得以發揮，成為一名最好的補鞋匠。

有一些教師對自己非常嚴格，在教書育人的生涯中竭盡全力，以滿腔愛心、同情心和責任心對待每一位學生，學生也能從他那裡得到教益，受益無窮。教室就好比他們的作畫室，他們是站在畫布前面的大師，聚精會神於自己的創作。另外一些教師的態度正好相反，從早晨一開始就對一天的工作感到乏味，想到要去幫那些無知的學生上課，就深惡痛絕。他們的心態是得過且過，反而把不良心態傳染給了學生。

一百多年前有一位家住羅德島的人，他費盡心思，砌了一堵石牆，就像一位大師要創作一幅傑作一樣，非常專注認真。他反反覆覆地審視著每一塊石頭，研究著每塊石頭的特點，思考著怎樣才可以把它放在最佳的位置。砌好以後，站在周圍，從不同的角度，細細打量，像一位偉大的雕刻家，欣賞著粗糙的頑石變成精美的塑像，內心感到非常欣慰。他把自己的品格和熱情都傾注到了每一塊石頭上。每天，他的農莊門庭若市，因為參觀的人摩肩接踵，他也很樂意解說每一塊石頭的特點以及自己是怎樣把它們的個性充分展現出來的。對任何一個細節，任何一件小事都認真對待、關注，每做一件事情都全心投入，你終究有一天會成功的。

高昂的鬥志和遠大的目標

任何人都應該嚴格要求自己。他不能無所事事虛度年華，他也不能只在感到心情愉快時才去工作。他必須學會控制和調節自己的情緒，不管心境如何，他都應該強迫自己去工作。

偉大的成就不屬於那些不思進取、懶惰、遊手好閒的人。只有那些在向目標進取的過程中面對阻礙努力奮鬥的人，才有可能獲得成功，才有可能走到時代的前端。

對於那些從來不敢接受新的挑戰，那些無法迫使自己去從事那些對自己最有利的卻顯得困難重重的工作的人來說，他們一輩子都不可能有什麼好的發展。

任何人都應該嚴格要求自己。他不能無所事事虛度年華，他也不能只在感到心情愉快時才去工作。他必須學會控制和調節自己的情緒，不管心境如何，他都應該強迫自己去工作。

很多沒有抱負和理想的人之所以失敗，是因為他們太懶惰了，因而根本沒有成功的機會。

他們不願意從事含辛茹苦的工作，不願意付出代價，更不願意做出必要的犧牲。他們所希望的是過一種舒適的生活，盡情地享受目前的一切。在他們看來，為什麼要去努力地奮鬥、不斷地流血流汗呢？為什麼不享受生活並安於現狀呢？

身體上的懶惰懈怠、精神上的徬徨麻木、對一切隨其自然的傾向、總想迴避挑戰而過一種舒適安逸的生活的心理——所有這一切，就是使絕大多數人默默無聞、無所成就的重要原因。

一個人在工作上消極墮落的最初表現之一是——他的理想與抱負在不知不覺中逐漸流失。在現實的生活中，沒有什麼東西比理想和抱負更需要精心呵護、更需要不斷鼓勵的了，特別是我們身處一個不太容易激發我們、促使我們攀登新的人生高峰的環境中時就更是如此。

對那些奮發有為的人來說，養成經常審視自己抱負的習慣並永遠保持高昂的鬥志，這是完全必要的。要知道，價值都取決於我們的抱負。一旦它逐漸消失，所有的生活標準都會隨之降低。我們必須讓理想的燈塔永遠點燃，並且讓它熠熠地發出光芒。

如果一個人沒有理想和抱負，遊戲人生，那是十分危險的。

一個人服用了過量的嗎啡時，醫生明白這時候睡眠對他來說就意味著死亡，因而會千方百計讓他保持清醒。有的時候，為了達到這個目的而必須採用一些十分殘忍的手段，比如使勁地捏、掐病人，或者是狠狠地重擊他。在這種關鍵時刻，一個人的意志力就有決定性的作用；一旦他意志消沉，陷入睡眠，他很可能就死定了。我們隨便都能見到一些人，他們有最良好的裝備，具備一切充分的條件，而且也似乎是正在準備行動，但是他們行動的腳步卻一直沒有挪動，他們沒有抓住最佳的時機。造成這個現象的原因就在於，他們身上沒有前進的動力，沒有奮鬥的目標。

一隻手錶可能有最精緻的指標，可能鑲嵌了最昂貴的寶石，但是如果它缺少發條，它仍然毫無用處。同樣，人也是如此，無論一個年輕人知識多淵博，也不管他的身體是多麼的健壯，如果沒有理想和奮鬥目標的話，他所有其他的條件無論是多麼優秀，都沒有任何意義。

有一些很有才幹的人，雖然年逾三十，但仍然沒有自己的人生目標。他們說不知道自己適合做什麼。對於這樣的人來說，無論有多大的才能，也會在漫無目標中迷失自我。

雄心和抱負通常在我們很小的時候就嶄露頭角，如果我們不細心培養它，如果它在我們身上潛伏很多年之後一直沒有得到任何鼓勵，它就會自動停止。原因在於，當雄心和抱負長期被擱置不用時，它們也就自然地趨於退化或消失了。

這是自然界的一條定律，只有那些被經常使用的東西，才可以長期擁有生命力。一旦我們停止使用我們的肌肉、大腦或某種能力，退化也就不可避免地發生了，而我們原先所具有的能量也就在不知不覺中消失了。

如果你不在內心深處時時呼喚、努力奮鬥，如果你不為自己的抱負時時加以鼓勵，如果你不能有效地實踐，對其進行強化，它很快就會萎縮死亡。

沒有得到及時支持和強化的抱負就像是一個拖延的決議。隨著願望和激情一次次地被否定，它要求被認同的呼聲也越來越小，最終的結果就是理想和抱負的徹底滅亡。

在現實生活中，這種最後抱負消亡、理想淪滅的人有很多很多。雖然他們的外表看來與常人無異，但實際上曾經一直在他們的心靈深處燃燒的希望之火現在已經熄滅了，取而代之的是無盡的黑暗。他們存在於這個世界，卻彷彿只是沒有靈魂的行屍走肉。他們的生活也就變得沒有絲毫意義。不管是對他們自己還是對這個世界，他們的存在都變得毫無價值。

如果說在現實生活存在一些可憐卑微的人的話，那些抱負消亡的人毋庸置疑是屬於其中的一類——他們不停地否定和壓制內心深處要求前進和奮發的欲望，因為缺乏足夠的動力，他們的理想之火已經熄滅了。

對於任何人來說，不管他目前的處境是多麼惡劣，或者先天的條件是多麼差，只要他保持了高昂的鬥志，具有遠大的抱負，他就是很有希望的；但是，如果他心灰意冷、毫無鬥志，人生的鋒芒和銳氣也就消失殆盡了。

在現實的生活中，最大的挑戰之一就是該怎樣保持鼓舞人心的激情，堅定明確的奮鬥目標，永遠讓希望之火燃燒，並且保持這種高昂的鬥志。

有許多人經常以這種想法從心理上欺騙自己、痲痺自己——只要自己積極上進、期盼著實現自己的理想和抱負的想法，他們實際上已經是達到了目標。但是，這種動口不動手或者做起事來懶惰推拖的人，實際上只是害怕自己的理想被拿到現實中檢驗。他們的等待，一方面是希望成功能夠從天而降，掉到他的頭上，另一方面是希望自己幸運無比，自然功成。事實上，天上只下過風雪雨雹，從來沒掉過好運。

理想和抱負是需要由很多的不同種類的養分來進行培養的，這樣才可以使之生機勃勃。虛無的、不切實際的抱負沒有絲毫意義。只有具有堅強的意志力、堅忍不拔的決心、充沛的體力，以及頑強的忍耐力，我們的理想和抱負才可以實現。

朝著成功的方向前進

一方面渴望擁有巨額財富，另一方面卻總是不相信自己能夠擺脫貧窮，總是懷疑自己的能力是否能夠完成他的夙願，這就好像南轅北轍一樣。假如一個人總是懷疑自己獲得成功的能力，他就絕不可能獲得成功，因此他總會招致失敗。

現實生活中，許多人不能正確地對待人生。因為「他們」做的是一套，想的則是另一套，「他們」的心態和「他們」的努力不一致，結果使他們的大多數努力都白白地浪費掉了。因為他們的心態沒有統一好，因此經常使自己正在追求的事業不斷受挫。「他們」不能以一種具有巨大積極作用的必勝信心，以一種一定會勝利的堅強決心，去做好自己的工作。

一方面渴望擁有巨額財富，另一方面卻總是不相信自己能夠擺脫貧窮，總是懷疑自己的能力是否能夠完成他的夙願，這就好像南轅北轍一樣。假如一個人總是懷疑自己獲得成功的能力，「他」就絕不可能獲得成功，因此「他」總會招致失敗。

成功人士從來不認為自己會失敗，從來不往壞的方面想。他的思想必定充滿進取精神，充滿創造力，必定是建設性的和創新性的。他鬥志昂揚、意氣風發。

如果這樣，你將會一直朝著成功的方向前進。如果你只看到貧窮、匱乏的那一面，那你就會離失敗越來越近。但是，如果你果斷地轉過身來，毅然拒絕想像你可能落於貧困的境地，你不久的將來肯定會成功。

許多人的目標經常是自相矛盾的，因為儘管「他們」渴望富有，但是「他們」心裡認為自己無法過上富有的生活。這樣錯誤的心態，也就是生命過程中所遵循的心理圖景，使得「他們」正努力從事的事情無法取得成功。正是這種心態，正是「他們」的懷疑和憂慮，自信心的缺乏，沒有一種過富有生活的信念，弄得「他們」今天依然一貧如洗。

只要你能充分地挖掘自己賺錢的能力，你就不可能扮演窮者的角色，你充滿自信，積極進取的心態讓你保持了旺盛的鬥志。只要你總是處於一種一貧如洗的心態，你就會在腦海中留下一貧如洗的印象，你根本就賺不到錢。

有一句話說得好，綿羊每咩咩地叫一次，牠就會失掉一口的乾草。

假如你每抱怨一次你的苦惱，你每允許自己說一次：「我是一個貧窮的人，我沒有能力；我不可能取得別人那樣的成就；我無法變得富有；我不具備別人的那些能力；我是一個失敗者；我的機會太少了。」你就是為自己設置更多的障礙，你的煩惱只會越來越多，困難之事更困難，你就會更難擺脫破壞你平和心境、破壞你幸福的心理敵人。

由於你每讓負面情緒多主宰一次你的心靈，它們就會在你的頭腦裡鑽得更深。

思想好比是一塊磁鐵，能吸引那些與它本身相似的東西。

如果你的心靈總是想著匱乏和疾病，這種思想就會給你帶來匱乏和疾病。通常，與你思想相左的現實是不太可能產生的，你的心態和思想中已經有了你生命的藍圖。你的任何成功首先都是因為你有成功的思想。

如果你總是想像自己可能霉運不斷，並總是做這樣的準備和擔心，如果總是抱怨缺少機會，如果你總是擔心事業根本就沒有好的結果，你的事業肯定會日漸萎縮。不管你如何努力工作以期取得成功，如果你頭腦裡充滿著擔心失敗的思想，你的這種思想將會使你的努力全部抹消，進而使得你無法取得希望中的成功。

擔心失敗的思想和擔心面臨貧窮的思想，經常使許多人無法在獲得財富方面取得他們渴望的成功，由於這些擔心和憂慮削弱了他們的活力，束縛了他們的手腳，使他們不能放開手腳開展工作，而效率極高、富於創造力的工作則是他們取得成功的必備條件。

建設性地看待一切事情的習慣；從有利的一面和充滿希望的一面看待事物的習慣；從接近成功的一面而不是從相反的角度看待事物的習慣；相信正義將最終取勝，堅信真理最終將戰勝謬誤的思想習慣；相信混亂和疾病無法與和諧和健康抗衡的思想習慣，就是樂觀主義者的態度，這種態度最終將改造世界。

樂觀主義是建設性的力量。樂觀主義之於個人猶如陽光之於植物。樂觀主義就是溫暖心靈的陽光，這種心靈中的陽光構築了生命和美麗，促進了它範圍所及的所有事情的發展。我們的心理能力在這種心靈陽光的照射下不斷成長，好比花草樹木在太陽光的照射下不斷成長一樣。

悲觀主義是消極的，它是摧毀活力束縛個人發展的黑暗地牢。那些總是只看到事物陰暗面的人，那些總是猜測自己即將失敗的人，那些只看到生命中醜惡骯髒和令人不快一面的人，將受到致命的懲罰。他們會使自己逐漸接近他們萬分焦慮的那些東西。

沒有什麼東西能吸引和它完全不同的東西。每樣東西都展現出自己的特質，並吸引與它相類似的東西。假如一個人想獲得幸福和財富，那他必須擁有正確的思想，他必須擁有富足的思想，他不應該畫地為牢、作繭自縛，而陷於恐懼、擔心貧困的人往往會陷入貧困的境地。

如果你想獲得快樂，你就不能老想著那些令人不快的事情。如果你想獲得財富，你就應該振作起來。你不能使自己與你擔心的事情發生任何的聯繫。你所擔心的那些事情會成為你前進道路的障礙。與它們隔絕開來，將它們清除出你心靈的王國，努力忘掉它們。盡可能堅定地想那些相反的思想，這樣，你將會驚異地發現，你這麼快就獲得你所期盼、所渴望的東西啊！

在工作和追尋目標的過程中，我們所持的心態跟我們最終的成就有密切的關係。如果你被迫去完成自己的工作，如果你沒有全心投入工作；如果你在工作中不抱什麼希望，甚至你在工作中看不到任何希望，抱著得過且過的工作心態；如果你看不到未來的曙光；如果你總是想著自己的一生沒有作為；如果你認為自己無法改變自己的命運，就不會擁有成功、財富、幸福。

相反地，無論你今日如何貧窮，如果你能看到更好的將來；如果你相信自己有朝一日會飛黃騰達；如果你相信自己有朝一日會從目前的陋室搬進寬敞、舒適的住宅；如果你確定了奮鬥方向，如果你的眼睛緊緊盯著你希望達到的目標，並相信你完全有能力達到你的目標，成功就是指日可待的事情。

一定要堅持這種信念——我們總有一天會完成現在看來不可能做成的事情。我們必須把這種心態進行到底，我們將來能完成它，不管如何艱難險阻，只要我們堅持自己的信念，使我們的心靈保持創造力，使我們的心靈更準確地指導我們走向成功。

我從來沒有看到哪個充滿自信、肯定自我能力，並朝著自己的目標全力以赴、勇往直前的人竟然無法取得成功。雄心和抱負先是鼓舞人心，最後才被實現。

一定要使自己保持一種積極進取，奮發有為的心態。什麼時候都不能讓自己懷疑自己取得成功的能力。

這些懷疑是非常可怕的，會毀滅人的創造力，消磨人的雄心。你一定要堅持對自己說：「我必定會擁有我所期盼的，這是我的權利，我在不久的將來肯定會擁有我所期盼的一切。」

如果你的腦子裡始終堅持這種思想，即你與生俱來就是要取得成功，就要是擁有健康和幸福，你生來就是才華橫溢的人，除了你自己，世界上沒有什麼東西能阻止你得到這一切，這種思想將會產生一種累積的、漸增的效果。

要有一種自己一定會成功的信念，一定要堅定地樹立這種信念，這樣，你很快就會驚異地發現，你非常渴望、期盼和你努力為之奮鬥的目標是完全可以實現的。

我曾經見過一個人，因為一場金融恐慌，他半生為之努力奮鬥、為之做出犧牲的財富全被席捲一空，除了他的才華、勇氣、決心，除了需要他撫養的掙扎在饑餓線上的一家幾口人之外，他什麼都沒有了。但是，他從來不認為自己已經徹底失敗了，他堅信他會東山再起。跟他這種剛毅、果敢和充滿自信的人去談沮喪、洩氣是難以想像的，這跟去試著勸阻一個拿破崙似的人沒什麼區別。他握緊自己的拳頭，不承認失敗，他把握每次成功的機會，並向他的目標奮力挺進。短短幾年後，他終於站起來了。

一個人不是生來就注定要成為環境的玩偶和奴隸，他生來是要創造適合自己生存的環境。

什麼事情都不會無緣無故地光臨到我們頭上，決定我們事業成敗的關鍵在於我們的思想。是我們的心態提供了成功或失敗的條件。我們工作的效果經常是與自己思想的性質、與慣常的心態相一致的。為了有所作為，必須持有一種積極的、富有創造性的思想。混亂、恐懼、沮喪和絕望的心態會很快使人變得消極起來，而且還會給我們製造許多心理和思想上的敵人，因為這些敵人使很多人都錯失了成功的機會。

消極被動的人總是靜候事情的發生。他們覺得某些事情肯定會發生。他們似乎對此無能為力，無法改變這種局面。

第二篇

累積一生的資本

機智的作用

威德有非同尋常的直覺和機智，隨機應變的能力非常強，並且有出色的說服技巧，而且為人非常的大方。他曾經憑藉自己的機智和敏銳，幫助三位候選人當上了總統。

瑟羅・威德出身於一個貧困的家庭，長大後，憑藉自己的機智，他終於使自己功成名就。還沒有成名的瑟羅・威德從停泊在紐約港的一艘小帆船上，替一個商人把大衣箱背到了市中心的一家旅館裡，商人付給他一些辛苦費，這是他掙到的第一筆收入。他那個時代不像今天，一個沒有什麼社會背景的青年出人頭地的機會少得可憐，但威德卻有非同尋常的直覺和機智，隨機應變的能力非常強，並且有出色的說服技巧，而且為人非常的大方。他曾經憑藉自己的機智和敏銳，幫助三位候選人當上了總統。為了作為報答，他們先後邀請他出任駐英國大使以及其他政府要職，但是他都婉言謝絕了。

林肯就任總統期間，有一份支持南部邦聯報紙叫《紐約先驅報》。這份報紙在歐洲極有影響力，文章經常引起海內外輿論抗議美國政府，於是林肯便請威德出面斡旋。威德和報社老闆貝內特已經數十年沒有聯繫過，但就在他們會談的第二天，報紙就轉變了立場，堅定地站在了聯邦政府這一邊。

緊接著，威德又出使歐洲，因為南部分離分子在歐洲有很大的影響力，他的使命就是消除這種影響。法國是他的第一站。法國皇帝一直都支持著南部的分離分子，對美國政府封鎖查理斯敦港的舉動十分不滿，甚至還命令法國商人不許跟美國有貿易往來。然而，威德卻憑藉他非同尋常的機智和智慧，說服了法國皇帝改變對美國政府的態度，後來法國皇帝原本打算在國民大會上發表敵視美國政府的講話，但由於威德的勸說，他的講話竟然成為一個向美國表示友好的聲明。緊接著，威德又馬不停蹄地趕到英國。就在他到達的時候，英國正準備出兵跟美國打仗，但是因為威德的來訪，輿論的態度發生極大的轉變。威德返回美國後，紐約市代表美國公眾向他做出的傑出貢獻表示了感謝。此外，在生意場上，威德也大獲成功，是一個名副其實的實業家。

一次在行軍途中，拿破崙領著先頭部隊和一位工程師先到前面探路。一條河攔住了他們的去路，河上沒有橋，但部隊又必須迅速通過。

拿破崙把工程師叫到面前：「告訴我，河有多寬？」

「對不起，閣下，」工程師聳了聳肩，很遺憾地說，「我的測量儀器都落在後面的部隊裡，等他們跟上來再測量吧。」

「我要你立刻量出來。」

「很難做到，閣下。」

「立刻給我量出河寬，否則就走人。」

工程師趕忙行動了起來。他脫下鋼盔，讓帽沿和他的眼睛、還有河對岸的一點剛好在一條直線上；緊接著，他小心地保持身體的直立，急速後退，等到眼睛、帽檐和這邊河岸的相應一點剛好在一條直線上時，他就一動也不動了。他把自己所處的位置標好，然後，用腳量出前後兩點的距離。一切都做好後，他對拿破崙說：「這就是河流大概的寬度。」拿破崙非常高興，立刻重賞了他。

常識和機智

他們對人、對事都有深刻的洞察，擁有非同尋常的機智和智慧，知道如何去推動這個世界，這些正是他們成功的秘訣。

歷史上，具有不可一世的才華的輸給非常機智的和具有一定常識的人的例子有很多。英國的瓦爾波伯爵沒有什麼才華，法蘭克國王查理曼連自己的名字都寫不好，但這不妨礙他們成為偉人。他們對人、對事都有深刻的洞察，擁有非同尋常的機智和智慧，知道如何去推動這個世界，這些正是他們成功的秘訣。

機智如同傳說中的亞歷山大大帝一樣，遇到難以解開的結，立刻用利劍將它斬斷，然後集中自己的全部力量，向成功、向勝利靠近。腳踏實地的人不但能發現機會，而且還能把握機會。這種善於把握機會的能力，並非用言語就能描述得清楚。但不可置疑，真正要成為生活的寵兒，就不能缺少這樣的素質。拿破崙就是一個很好的例子，只要跟作戰有關的一切技巧，包括製造彈藥在內，他都非常精通。棕櫚樹是所有樹種最難彎折的樹，然而在南美洲密密的叢林中，厚厚的遮蓋並不能阻擋它吸收太陽的光照。據說，它總是就近找一棵高大的樹身，依附在它身上往上攀援，直到陽光能夠照在它身上。

曾經有一個農場主，生活越過越困難，無奈只好把農場劃出一半，賣給一個事業有成的年輕人。那個年輕人資金很雄厚，可以買幾個大農場，農場主羨慕不已，不禁問道：你是怎樣發家的？我的生活怎麼就越過越差勁呢？」年輕人坦率地回答：「你缺乏常識和機智。」

美國麻薩諸塞州考德角有一個牧師，一次他到一個地方去做禱告。原來，那個地方有一個傳統，每年四月都要請一位牧師來做禱告，祈告他們的土地肥沃富饒。於是，牧師到了那裡，但在看到那塊土地後，他遺憾地說：「這塊土地急需的不是禱告，而是肥料。」

假如我們想看清一個人真實的面目，必須不斷地調整觀察的角度，直到找到最佳的視角為止。這時，我們就像把他放到了光線底下一樣，從我們特定的視角能把他的一切都一覽無餘。

我們應該都有過這樣的經歷：比如，從前班裡的同學，當他們走進現實生活中，在社會上排名的秩序和原來讀書的排名次序會發生變化：原先在班裡名列前茅，讓大家都羨慕不已的同學，現在的排名已是大不如往昔了，反不如那些原本認為比較遲鈍、比較笨的同學有出息、有前途。後者所以能夠在社會上取得成功，他們非同尋常之處就是有一種十分頑強、執著的精神。原先學校裡的佼佼者，儘管掌握很多書本知識，但在嚴酷的現實問題面前經常是束手無策。**即使對那些很有前途的天才人物來說，一些微小而又有重要影響的細節必須引起重視，要像牛像馬一樣勤奮地工作，才可以取得成功。**

莎士比亞對常識與機智的把握令人覺得不可思議。他的劇作內容豐富，包羅萬象。上至王公大臣，下至販夫走卒，各種高低貴賤，不管膚色黑白，思想深刻或是單純，品行高潔還是齷齪，各種性格、激情，凡是他視野中所見的一切，都能信手拈來，融進他的作品裡，重新獲得新生。

純正品格的力量

一個人的偉大不在於世俗意義上的成功或財富，而要看他是否堅信真理，是否大公無私，看他有沒有跟其榮譽不相稱的言行。只有在這些方面無可挑剔，他才算是一個品格高尚的人。

很久以前有一個德國親王，他那高尚的品格使他深受士兵的愛戴。在一個非常寒冷的嚴冬，他帶著士兵逃離了莫斯科。在一個飛雪飄飄的夜晚，他們一行來到一間原本是給家畜用的小棚屋，進了屋子，大家走了一天，快要累死了，全都躺倒睡著了。天亮了，親王甦醒過來，覺得身子非常暖和，體力也恢復了。屋外依然寒風蕭蕭，親王呼喊他的士兵起來，但沒人回答他。他朝四處一看，才發現那些士兵早就凍死了，身上覆蓋著積雪，他們把自己的外衣都脫下來蓋在了他的身上。正是這些士兵，不惜犧牲自己而保護自己愛戴的親王。

在神話故事中，菲利吉亞國王邁達斯請求神教會他點石成金的神術，他以為，這樣就能夠得到完全的幸福。神答應了他的要求，從此以後，凡是他觸摸過的，不管是衣服、食品、飲料還是花草，甚至他吻過的女兒，都會立刻變成黃金。他慌忙懇求神幫他恢復原來的樣子。正是從這件事情中，國王明白了，這個世界上還有比黃金更為寶貴的東西。

一次，坎帕尼亞地區有一位非常富有的婦人拜訪了科妮利婭。這位科妮利婭就是後來聞名遐邇的羅馬改革家格拉古兄弟的母親。貴婦向科妮利婭提出想瞧瞧她最有價值的寶物，這時候恰好孩子從學校放學回來了，科妮利婭指著格拉古兄弟，微笑著對貴婦說：「這就是我的最有價值的寶物。」真不愧是偉大的母親，提比略・格拉古的妻子。這顯示，任何一個國家，它最有價值的寶物應該是它所培養的人民。

「我知道的，」伏爾泰說，「任何一個偉人都為人類做出過巨大貢獻。」人生的最大價值在於他為別人做出了多大的貢獻，而不在於他累積了多少財富。

教育對未來社會的發展和進步有承前啟後的作用，這句話寫在一個信封上。在麻薩諸塞州丹佛斯市舉行的一個典禮上，信封被打開了，裡面是一張為興建一座市立圖書館而捐贈的兩萬美元的支票。捐贈人是美國商業界舉足輕重的大人物喬治・皮博迪先生，他從小家境貧寒，後來經過自己的奮鬥，成為擁有無數資產的銀行家。許多年後，在為他舉行的一個大宴會上，這位銀行家又向圖書館捐贈了二十五萬美元。**席間，銀行家說道：「一個人的偉大不在於世俗意**

義上的成功或財富，而要看他是否堅信真理，是否大公無私，看他有沒有跟其榮譽不相稱的言行。只有在這些方面無可挑剔，他才算是一個品格高尚的人。」

斯圖爾特先生正是憑著自己的誠實正直，成就了他的事業。他早先在紐約當過老師，一天的收入不過一美元，但最後他的財富總量超過了四千萬；而且更令人稱道的是在他的千萬家財中，每一分錢都是乾淨的。

一七九二年九月二日法國大革命，憤怒的人們衝進了巴黎的監獄，單單這股洶湧的人流，就能夠把那些貴族、神父擠死，他們紛紛慘死在監獄裡。就在一片血腥之中，一個名叫毛諾的年輕人在這個時候發現西卡爾神父。毛諾以前見過西卡爾神父，清楚他是一個什麼樣的人，知道他把自己全部的心血都奉獻給了殘疾人的教育事業，他慌忙擋住別人說道：「這是西卡爾神父，一個正直的公民。儘管你們不太瞭解他，但是他確實是一個好人。他是我們這裡最仁慈、最善良的一個人，他把自己所有的愛都獻給了那些殘疾人。」別人聽了他的話，立刻停止了攻擊，而且一擁而上，不停地與他擁抱，要抬他起來把他送回家。這顯示，即使在這些憤怒的革命群眾心中，一種高貴的品格仍然可以表現出偉大的力量。

精益求精

我們所做的，其實就是在品質方面精益求精，以求做得更好。這就是我們的秘密，讓別人知道也沒關係。

「如果要說我們有什麼秘密，」一家擁有兩千個員工的鋼鐵廠的經理說，「我們所做的，其實就是在品質方面精益求精，以求做得更好。這就是我們的秘密，讓別人知道也沒關係。」

已故的約翰．維亭是麻薩諸塞州諾斯布里奇非常有名的機器製造商。一次，有一個客人向他表示不滿，說他們的軋棉機售價太高了，維亭回答道：「我們關注的不是它的價格有多低，而是它的品質有多好。」維亭的承諾很管用，以後，只要一有機會做產品銷售的廣告，新英格蘭的棉花製造商一個習慣的做法，就是告訴人們他們的產品非常好，並且不忘補充一句：「是維亭製造的」。彷彿加了這句話，就足以保證諾斯布里奇所有產品的品質都是上乘的一般。

一次，大名鼎鼎的雕刻家布朗在沃德小姐家看到一座石膏像，雕得十分逼真。其原型是幾年前沃德家還在布魯克林居住時在他們家做事的一個愛爾蘭工人，不僅形體、表情非常像，甚至連他褲子上的補丁、外衣的裂口以及那頂大禮帽都雕得十分相似。雕像的作者是沃德小姐的弟弟沃德。「雕得太好了。」雕刻家情不自禁地翹起大拇指。六年以後，他邀請小沃德進了他的工作室，跟他學手藝。如今，在美國的雕刻界，沃德已經成了一個響噹噹的人物。

「就按照我原來的樣子畫，不能有遺漏的地方。」奧利弗．克倫威爾對他的畫師說。因為畫師為了逢迎這位大人物，想不畫他的黑痣。

「你還沒有忘記你曾經為我父親擦過皮鞋吧？」一位眾議員惱羞成怒，說出這句話，想令跟他競爭的對手下不了台。「一點也不錯，」對方立刻回敬他，「難道我沒有把皮鞋擦好嗎？」

英國的威靈頓公爵耳朵患病了，他請了一位醫術很高的醫生給自己看病。大夫錯用了強腐蝕劑灌到了公爵的耳朵裡，結果引起發炎，差點要了公爵的命。大夫懊悔不已，再三道歉，他非常擔心自己性命不保。「不用擔心，」公爵大度地說，「我不會把這件事放在心上的。」「我可不可以繼續做你的護理，這樣別人就不會懷疑我的水準了？」「不可以，」公爵非常憤怒，「這是欺騙。」

發掘你的潛能

事實上，許多人的志氣和才能都深藏潛伏著，必須要外界事物予以激發。志氣一旦被激發，如果又能加以繼續的關注和教育，就能發揚光大，否則終將萎縮而消失。

約翰．費爾德把兒子馬歇爾放在戴維斯的店裡做招待員，有一天他問戴維斯：「戴維斯，近來我兒子生意學得怎樣？」

戴維斯一邊從桌上拿了一隻蘋果遞給約翰．費爾德，一邊答道：「約翰，我們是好朋友，不想讓你日後後悔，我又是一個直爽的人，喜歡講老實話，馬歇爾肯定是一個誠實的年青人，這不用說，一看就知道。但是，他即使在我店裡學上一千年，也不會成為一個傑出的商人。他生來就不是一個做商人的料。約翰，還是把他領回鄉下去，教他學養牛吧！」

如果馬歇爾依舊留在戴維斯的店裡做個夥計，他以後就不會成為舉世聞名的商人。可是他隨後到了芝加哥，親眼目睹在他身邊許多原來很貧窮的孩子做出了偉大的事業，他的志氣突然被喚起，他的心中也激起了要做商人的決心。他問自己：「為什麼別人能做出驚人的事業，而我不能呢？」其實，他具有商人的天賦，但戴維斯店鋪裡的環境不能夠激發他潛伏著的才能，無法發揮他潛藏著的能量。

一般來說，一個人的才能主要取決於他的天賦，而天賦又不太容易改變。但事實上，許多人的志氣和才能都深藏潛伏著，必須要外界事物予以激發。志氣一旦被激發，如果又能加以繼續的關注和教育，就能發揚光大，否則終將萎縮而消失。

因此，假如人們的天賦與才能不被喚起、不能保持、不能得以發揚光大，其本來的才能就會變得遲鈍並失卻它的力量。

愛默生說：「我最需要的，就是有人叫我去做我力所能及的事情。」去做「我」力所能及的事情，是表現「我」的才能的最好途徑。拿破崙、林肯未必能做的事情，但「我」能夠做，這只要盡「我」最大的努力，發揮「我」所具有的才能。

許多人的體內都潛伏著巨大的才能，但這種潛能隱藏著，一旦被激發，便能做出驚天動地的事業。

在美國西部某市的法院裡有一位法官，他中年時還是一個目不識丁的鐵匠。他現在六十歲了，卻擁有了全城最大的圖書館，獲得了很多讀者的稱譽，被人認為是學識淵博、為民謀福利的人。這位法官唯一的希望，是要幫助同胞們接受教育，獲得知識。可是他自己沒有接受系統的教育，為何會產生這樣的遠大理想呢？原來他不過是偶然聽了一篇關於「教育之價值」的演講。結果，這次演講喚醒了他潛伏著的才能，激發了他遠大的抱負，進而使他做出了這番偉大的事業。

在我們周圍，有許多人直到老年時才激發出他們的才能。為什麼到老年會激發他們人的才能呢？有的是由於閱讀富有感染力的書籍而受到啟迪；有的由於聆聽了鼓動人心的講演而受感動；有的是由於朋友真摯的鼓勵。對於激發一個人的潛能，作用最大的往往就是朋友的信任、鼓勵、讚揚。

假如你和一般失敗者面談，你就會發現：他們失敗的原因，是因為他們沒有良好的環境，是因為他們從來不曾走入過足以激發人、鼓勵人的環境中，是因為他們的潛能從來不曾被激發，是因為他們沒有力量從不良的環境中奮起振作。

在人的創業過程中，你都要盡可能生活在一種可能激發你的潛能的氣氛中，可能激發你走上成功之路的環境裡。努力接近那些瞭解你、信任你、鼓勵你的人，這對於你日後的成功，具有很大的影響。你更要與那些努力要在世界上有所作為的人接近，他們往往志趣高雅、抱負遠大。接近那些堅決奮鬥的人，你在無形中便會受他們的感染，養成奮發有為的精神。如果你做得還不十分完美，那些在你周圍努力奮鬥的人，就會來鼓勵你更加努力、做更艱苦的奮鬥。

鍛造一生的資本

體力和智力是我們一生成功的資本，我們應該杜絕這個成功資本的無謂消耗，要集中全部的精神，對體力和智力做最經濟、最有效的利用。

一個人事業的成功與否，不在於自己有多少資產，而在於他怎樣利用身體內在的潛能，以及他做事的能力。一個身體的柔弱，或者因為嗜好菸酒而精神頹廢的人，其成功的機會要比那些體格強壯、精神旺盛的人少很多。任何一個冷靜的人、執著的人、有為的人，都會保持自己所具有的種種力量，無論是身體上的，還是精神上的，他們對生命中最寶貴的資產，絕對不輕易消耗。

每個人都應該把任何方式的精力耗損、把一絲一毫的精力浪費，都當作一種不可饒恕的浪費，甚至是一種不可寬恕的犯罪行為。

體力和精力是我們一生成功的資本，我們應該杜絕這個成功資本的無謂消耗，要集中全部的精神，對體力和精力作最經濟、最有效的利用。

如果能始終保持精力旺盛的狀態，在做事的時候，自然能有極大的成效。

如果在工作的時候，不能發揮自己出色卓越的才能，成功的可能性就很小。最令人痛惜的就是那些早晨一開始工作，就精神頹廢、毫無生氣的人。這樣的人去從事工作，怎麼可能獲得成功呢？

最好能勝任自己的工作並且愉快地工作，你就不至於感到工作的畏難和痛苦，在工作的時候，應該有濃厚的興趣、必勝的決心，這樣，工作起來才會有效率。體格健壯、精力充沛地工作一小時，甚至比體力孱弱地終日工作，其業績都來得高。

一個體格不健康、缺乏才能的人想獲得很高的地位，這是不可能的。但更可悲的是，一些頭腦聰明、才華橫溢的青年，由於不懂得運用他們所具有的才能，便埋沒了一生。

欲成大業，身體是最大的資本。而個人成功的秘訣，就埋藏在自己的腦海裡、神經裡、肌肉裡、志向裡、決心裡。作為一個人，體力和智力是最重要的東西，因為體力和智力決定了人的精神狀態、生命力和做事的才能。

很多人把大多數精力消耗在無謂的事情上。如果有人去提醒他們、勸戒他們，他們或許還會發怒。他們以為，只有體力的消耗才會使人的精神受損，但是他們不知道精力也會有種種消耗，比如煩惱、發怒、恐懼，以及種種不良的思想。此外，把工作帶到家裡，利用應該休息的時間來工作，其實也是一種精力損耗。

雖然有充沛的體力和智力，也就是有豐厚的成功資本，但不加以合理地利用，那又有什麼用處呢？

無論做什麼事都不能有弱點，因為小小的弱點可能足以破壞全部的事業和前程。比如種種不檢點的行為、錯誤的行為，都可能在你生命資本的寶庫上打開一個漏洞，使你生命的資本在悄無聲息中流走。

大自然是無情的，即使貴為君王，如果違反了大自然的法則，也要受到懲罰。在大自然的眼裡，君王和乞丐是沒有貴賤之分的，她不會接受任何的藉口或推諉，她要求人們保持精力旺盛的狀態，努力不息地做事。

高於一切的意志力

人的意志力的力量是無窮的，一切困難它都可以克服，無論要有多麼長的時間，付出多大的代價，無堅不摧的意志力終能幫助人達到成功的目的。

要使水變為蒸汽，一定要把水燒到攝氏一百度。九十度的溫度，水不能化為蒸汽，再加熱到攝氏九九度，也仍然不能。只有水煮沸以後，才可以發出蒸汽，才可以推動機器，使火車獲得前進的動力。至於溫水是不能推動任何東西的。

很多人想用微溫的水或用將沸騰的水，來推動火車，但是他們會感到很驚奇，火車為什麼總是停著不動？正如溫水不能推動火車一樣，如果用冷淡的態度對待工作，肯定不會有所成就，也無法推動生命的火車。

每個人不但要有堅強的意志力，而且還應該具有使意志力趨於堅定的能力。如果沒有這種能力，就像永遠達不到沸點的水一樣，靠水的蒸汽來推動的火車也只會停在原地。

如果一個人有堅強的意志力，就有創造的力量。無論做任何事都要有堅定的意志，任何事情只有付出極大的努力才可以獲得成功。

你是以怎樣的態度來應付困難的呢？困難來臨時，你會慌亂或恐懼嗎？你是猶豫還是逃避呢？面對困難，你是否用推諉的態度呢？比如你會想「如果我能做的話，我一定做」，還是會以「試試看」的態度對付困難呢？

其實，人的意志力的力量是無窮的，一切困難它都可以克服，無論要有多麼長的時間，付出多大的代價，無堅不摧的意志力終能幫助人達到成功的目的。

對自己的意志力能控制的人，會具有推動社會的偉大力量。這種巨大的力量可以實現他的期待，達到他的目標。如果一個人的意志力像鑽石一樣堅固，並以這種意志力引導自己奮力向前，所有困難都會迎刃而解。

遠大的目標，是一個人強有力的精神支柱，它能使年輕人拒絕各種試探與誘惑，而不至墮落到罪惡的深淵中。

一個年輕人如果用斬釘截鐵的態度去實施他的計畫，根本沒有「如果」、「或者」、「但是」、「可能」的念頭，他一定會免掉種種誘惑，將來也必定會獲得成功。

一個人只要有明確目標、並且可以照著既定程序去做，就能堅定自己性格上的勇氣與力量，而這種能力和力量足以支撐他的成功。

理想的自由，人人都應努力爭取，因為只有自由地張揚自己的理想，才可以創造宏大、完美的成就。如果一個人不去爭取理想的自由，不以實現最高人生目的為要務，無論他多麼盡心盡職，多麼奮發努力，他的一生也是失敗的。

一個人無法控制意志力，便沒有持之以恆的恆心，也就沒有發明與創造的可能性。有許多年輕人對他們自己的事業最初很熱心，但往往就在一夜之間，自己原有的事業很快就會放棄而去進行別的事業。他們時刻在懷疑著，自己的位置是否恰當？怎樣利用他們的才能才最有價值？有時面對困難，他們很灰心，甚至很沮喪，或者看到某人成就了某項事業，他們便開始埋怨自己，為何自己不選擇此項事業。

這樣說一定不為過，一個如果經常放棄他一貫期待的目標，就絕對不會成功。從一個人所做的事業中，可以看出其真正的氣質。

要使你的生命具有特殊意義，要超越眾人，就要做高尚的事情。無論花費多少時間，無論面前有多少阻礙，都不要放棄成功的希望和志向。

戰無不勝的忍耐力

一切都已遠離、一切宣告失敗時，忍耐力總可以堅守陣地，依靠忍耐力，許多困難，甚至許多原本已經失望的事情都可以起死回生。

「智慧」無法成功，「天才」宣告失敗，「機智」與「技巧」毫無用處，種種能力都已束手無策，徹底絕望之時，「忍耐力」悄悄到來，幫助人們取得勝利、獲致成功。

因為無堅不摧的忍耐力而做成的事業是神奇的。當一切都已遠離、一切宣告失敗時，忍耐力總可以堅守陣地，依靠忍耐力，許多困難，甚至許多原本已經失望的事情都可以起死回生。

人人都停下來收手不幹的，只有富有忍耐力的才會繼續堅持，人人都因感到絕望而放棄的信仰，只有富有忍耐力的人堅持下來的人，在繼續為自己的意見辯護。所以，一個人只要具有這種卓越品格，最終總能獲得很大的收益、最終的成功。

比如，很多的商人他們因此獲得了成功。無論顧客怎樣粗暴，怎樣的沒有禮貌，甚至表現出具有侮辱性的言行，那商人依舊殷勤地接待，堅持和氣的態度，不怠慢、不發怒，長此以往，終於獲得了顧客的讚揚，使自己的業務獲得了發展。而那些冷待顧客的商人，不但得不到發展，而且會日益衰敗。

作為顧客也一樣，假如你在購買貨物或訂閱書籍時，即使商場或書店的銷售人員對你很冷淡，你也不生氣。店員對於這樣有禮貌的顧客，是難以拒絕的，非但不能草率對付，甚至會對你的人格產生敬仰的心理。

一個人如果慈祥、和藹、誠懇、樂觀，再加上富有忍耐力的卓越品格，那就無可匹敵了。

做我們喜歡的事情，做我們感到富有趣味的事情，成功是容易到來的；但要盡力去做那些我們自己不喜歡的、甚至內心所反對而必須做的事情，卻是需要忍耐力的。

一個人能以勇敢的精神、以堅毅的步伐、以熱忱去做那些自己不喜歡、不相稱的工作，並最終取得成功，這種人真正具有英雄般的忍耐力。無論工作合意與否，總能堅持到底，不達目的不罷休才可以獲得勝利。

一個人竭盡全力、堅定意志去完成自己既定目標的人，最能讓別人產生欽佩和敬仰。

一個人只要樹立了有毅力、有決心、有忍耐力的聲譽，世界便為他打開出路。那些意志不堅定，缺乏忍耐力的人，別人不但輕視他，甚至還會受到踐踏和拋棄，最終注定難以成功。

沒有堅持到底的意志力和決心，一個人往往做不成大事，別人也不會信賴與敬佩他。唯有那些有堅定的決心、有十足忍耐力的人，才可以創造一切，為別人所信賴。

那些意志不堅的人，世界上往往沒有他們的地位；那些擁有堅定意志的人，成功的道路就會為他敞開，一個人只要富有耐心，能堅持到底，能發揮他的智力，最終便能取得成功。

失敗是人格的試驗地

偉大高貴人物最明顯的象徵，就是他堅定的意志，不管環境變化到何種地步，他的初衷與希望，仍然不會有絲毫的改變，而終將克服障礙，以達到所企望的目的。

很多人沒碰到失敗，就很難發現自己真正的才幹。如果不碰到極大的挫折，不受到對生命本質的打擊，就不知如何煥發自己內在的力量。

測驗一個人的品格，看他失敗之後的行動是最好的方法。失敗能否激發他的更多的計謀與新的智慧？激發他內心潛在的力量？讓他有更強的決斷力，還是使他變得心灰意冷呢？

正如愛默生所說：「偉大高貴人物最明顯的象徵，就是他堅定的意志，不管環境變化到何種地步，他的初衷與希望，仍然不會有絲毫的改變，而終將克服障礙，以達到所期望的目的。」

「跌倒了再站起來，在失敗中求勝利。」無數偉人都是這樣成功的。

有人問一個孩子，他是如何學會溜冰的？那孩子說：「哦，跌倒了爬起來，爬起來再跌倒，這樣便會了。」使人成功，使軍隊勝利的，就是這種精神。跌倒不意味著失敗，跌倒了站不起來，才是真正失敗。

過去的奮鬥史，在很多人眼中是一部極痛苦、極失望的傷心史。因此，回想過去時，很多人會覺得自己處處失敗、碌碌無為，自己衷心希望成功的事情他們竟然失敗了，他們所至親至愛的親屬朋友，離他而去，也許他們曾經失掉了職位，或是營業失敗，或者由於多種原因而不能使自己的家庭得以維繫。在他們眼中，自己的前途似乎暗無光日。然而即使有各種不幸，如果你不向命運屈服，勝利就會向你招手。

失敗是對一個人人格的試驗，在一個人只剩下自己的生命時，內在的力量到底還有多少呢？沒有勇氣繼續奮鬥、自認挫敗的人，他的能力便會消失。只有毫無畏懼、勇往直前、永不放棄的人，才會在失敗之後有偉大的進展。

有人這樣認為，已經失敗多次了，再試也沒有多大用處。這種人太自暴自棄了！一個人的意志永不屈服，在他看來，無論成功是多麼遙遠，失敗的次數是多麼多，最後的勝利仍然會屬於他的。狄更斯的小說裡的守財奴斯克魯奇，開始時愛財如命、一毛不拔、殘酷無情，他甚至把全部的精力都鑽在錢眼裡。可晚年時，他竟然變成一個慷慨的慈善家、變得寬宏大量、真誠愛人。狄更斯的這部小說有真實的背景，生活中也的確有這樣的事實。人的本性都可以由惡劣變為善良，人的事業又何嘗不能由失敗變為成功呢？現實中有很多這樣的例子，很多人失敗了再起來，面對失敗從不沮喪，抱著不屈不撓的無畏精神，向前奮進，最終獲得了成功。

世界上有無數人，儘管失去擁有的全部資產，然而他們不是失敗者，他們依舊有不可屈服的意志，有堅忍不拔的精神，憑藉這種精神，他們依舊能成功。

真正的偉人，面對種種成敗，從不介意，所謂「不以物喜，不以己悲」。無論遇到多麼大的失望，絕不失去鎮靜，只有他們才可以獲得最後的勝利。在狂風暴雨的襲擊中，心靈脆弱者只有坐以待斃，但這些人卻仍舊充滿自信。因此他們能夠克服外在的一切境遇，去獲致成功。

正如溫特·菲力所說：「失敗，是走上更高地位的開始。」許多人所以獲得最後的勝利，只是受恩於他們的屢敗屢戰。一個沒有遇過大失敗的人，根本不知道什麼是大勝利。事實上，只有失敗才可以給勇敢者以果斷和決心。

恐懼是我們的大敵

恐懼是我們最大的敵人，不安、憂慮、嫉妒、憤怒、膽怯都從恐懼中演變而來。恐懼使快樂的人痛苦，使聰明人變為懦夫，使無數人遭受失敗，使無數人陷於卑微境地。

恐懼是我們最大的敵人，不安、憂慮、嫉妒、憤怒、膽怯都從恐懼中演變而來。恐懼使快樂的人痛苦，使聰明人變為懦夫，使無數人遭受失敗，使無數人陷於卑微境地。恐懼能讓人的生命癱瘓枯萎。它能使人貧血，使人身體和精神上的生命力減少，甚至能破壞人的志向、滅絕人的勇氣、衰弱人的思想，使人減少創造力。

有許多人對一切事件，幾乎都懷有恐懼之心。他們害怕吹風，害怕受寒，怕大眾的評論，害怕生意虧本，更怕未來的艱難，害怕貧窮，害怕失敗。他們的一生時刻充滿著恐懼。

恐懼可以摧毀人的勇氣和創造力，能毀滅人的個性，使堅強的心靈變得軟弱。遇事便生恐懼、在工作上受恐懼心理的支配、凡事有不祥預感的人，其工作效率絕對高不了。

古往今來，有無數人的事業都毀在了恐懼之上。

恐懼使無數人痛苦，而最壞的恐懼就是時時預感著某種不祥的事情降臨，這種不祥的預感會籠罩著一個人的生命。他們害怕遇到不幸的災禍，害怕失財失業，害怕意外的悲劇，害怕患上危險的疾病。一旦孩子離開身邊，又害怕發生火車出軌、輪船沉沒等慘劇。在他們頭腦裡的不幸與危險籠罩著他的生活。

有些人，從小就擔心病痛、害怕自己會患上疾病，對疾病的恐慌籠罩著他的生活，他時常為一種不會在他身上發生的疾病而苦惱。如果他受了些風寒，他認為患了流行性感冒；如果喉嚨有些痛，便以為得扁桃腺炎了，害怕無法下嚥食物；如果他在暢飲後心臟有些悸動，他就害怕罹患嚴重的心臟病。這種神經過敏的可笑之人，世界上不知道有多少。

恐懼能使人的壽命減短，因為恐懼會破壞生理上的平衡、減弱人體的生理機能。恐怖能使人的體液改變其化學成分，無形中對身體產生不利影響。容易產生恐懼心理的人，經常很快就會衰老，甚至容易死亡。在世界上，恐懼埋葬了無數生命，使無數人神經錯亂，引發了可怕的悲劇。

恐懼對人沒有任何益處，所以我們要把恐懼這個惡魔從我們的生活中趕走。**人們精神上的**

天然解毒藥是消除恐懼最有效的方法，什麼是解毒藥呢？就是勇敢的精神、正確的思想、自信的觀念、樂觀的態度。別等到恐懼侵入你的腦髓後，才去用那解毒藥。你要用勇敢的精神、正確的思想、自信的和樂觀的態度填充你的頭腦，讓恐懼的思想無法侵入。

在你心中有不祥的顧慮、憂慮的思想的時候，絕不要縱容它們，讓它滋長蔓延。你要趕快轉換你的思想，向著與恐懼憂慮相反的方向去想。假如你正為自己的軟弱、自己的準備不充分、自己可能的事業失敗而恐懼，請立刻改變你的思想，你要確信你是堅強的、有能力的、有把握的，並且完全可以應付更大的事情。只要你抱著這種思想，就可以步步向前，出人頭地。

財富與自我克制

晚年時期的約翰·阿斯特先生說，現在他賺十萬元比以前賺一千元都容易。但是，如果沒有開始的一千元，也許他現在還在貧民窟裡。

一個人若想取得事業上的成功，必須要善於克制自己的欲望，自我克制非常重要。我們一般總是用自己的積蓄作為創業的資本，要知道舉債創業是要冒很大風險的。

通常，人們總是認為吝嗇和節儉是一回事，這其實是一個很大的錯誤。實際上，節儉的真正含義是：當用則用，當省則省；也就是說，錢要用在刀口上。但吝嗇的含義卻不同，它是指該用的不用，不該省的也要省。

有些「紈褲子弟」喜歡出風頭、講排場，平時不僅花光自己的收入，而且往往還要借錢來擺闊綽。這種人一旦遇到突然事件，比如生了病，或者失了業，不但自己難以應付，而且還會連累別人，浪費別人的錢財。到了那時，他的真相就會被完全揭穿。如果他以前能夠節儉一點，怎會落到如此尷尬的地步呢？

英國著名文學家羅斯金說：「經常人們認為，節儉的意思應該是『省錢的方法』；其實是錯誤的，節儉應該解釋為『用錢的方法』。也就是說，我們應該如何去購置最適用的家具；怎樣把錢花在最恰當的用途上；怎樣合理安排衣、食、住、行，以及生育和娛樂等方面的開支。總而言之，我們應該把錢用得最為恰當、最為有效，這才是真正的節儉。」

著名的湯瑪斯・利普頓爵士說：「很多人來問我怎樣獲得成功，我告訴他們，最重要的就是節儉。成功者應該養成儲蓄的好習慣。任何好朋友對他的援助、鼓勵，都比不上自己小小的儲蓄。節儉，是一個人成功的基礎，它使人自立。節儉能夠使一個年輕人站穩腳跟，能使他鼓起巨大的勇氣，振作起的精神，拿出完全的力量，來達到成功的目標。如果每個年輕人都養成儲蓄的習慣，世界上將有更多的人走向成功！」

晚年時期的約翰・阿斯特先生說，現在他賺十萬元比以前賺一千元都容易。但是，如果沒有開始的一千元，也許他現在還在貧民窟裡。

很多人只因為不會計畫用錢，就在不知不覺中使很多的錢財白白的浪費掉了。如果一個青年能養成記帳的良好習慣，將自己的每次花費都記入帳簿，並仔細核算、好好籌劃，這樣，對於他未來的事業發展，有很大的幫助。這樣不但學會了金錢的管理，而且還熟悉了金融市場，並且從中獲得寶貴的經驗。

我們最好隨身攜帶帳簿，以便隨時記錄自己的資金出入。這樣長期堅持下去，對改正揮霍無度的惡習一定有很大的幫助。帳本能使你知道，過去的錢都用到哪裡去了，什麼方面還需節儉，什麼地方是一定要用。

一般鄉下的孩子比城裡的孩子節儉得多。這主要是城裡到處都有各種各樣的孩子商品，有趣的玩具和糖果都在引誘他們去購買。但鄉下的孩子生活在沒有濃郁商業氣息的鄉村，他們既沒有受到這麼多東西的誘惑，又懂得節約用錢，他們用心儲藏著自己的零用錢，不捨得用幾個錢去買一些玩具或糖果，以博得一時的高興。等到他們積蓄到較多的錢時，就非常高興，有時竟歡呼雀躍。這些鄉下孩子的父母們時常告訴他們儲蓄的好處，還鼓勵他們把錢存到銀行裡。而城裡的那些孩子們從不懂得節約，他們一有錢就要把它們立刻花掉。

就像很多城裡的孩子寧願把錢放在口袋裡，不願存到銀行一樣，有許多年輕人也喜歡隨身帶著自己所有的錢，這樣往往就造成了他們隨時隨地胡亂揮霍，毫無節制。這種做法太不明智了，因為習慣把錢放在身邊的人往往在用錢方面會失去控制。

所以，把所有的錢全部存入銀行是最有效的節儉方法，而且最好存到一家離你的住處遠一點的銀行。這樣一來，當你要到較遠的銀行去取錢花時，這時你就會考慮這筆花銷是否值得？能否節省？

富蘭克林說：「致富的最好方法，就是賺得多花得少。」他還說：「如果你不想有負債的煩惱，不想受饑餓和寒冷的折磨，你最好做到忠、信、勤、苦。同時，不要讓你賺得的任何一分錢被你輕易的花費掉。」

曾經有一個年輕人到印刷廠裡去學技術。其實，他的家庭很富裕，他父親要求他每晚住在自己家裡，但要他每個月付給家裡一筆住宿費。剛開始，那個年輕人每個月的工資僅夠支付住宿費，他十分不甘心。但是幾年之後，這個年輕人自己準備單獨開設印刷廠時，他的父親把那個年輕人叫到跟前，對他說：「好孩子，現在你可以拿回每年所交的住宿費了。我這樣做的目的，是為了幫你積蓄這筆錢，不是真的向你要住宿費。好啦，現在你可以拿這筆錢去發展你的事業了。」那個年輕人到此才明白父親的一番苦心，非常感激的父親的賢明之舉。現在，那個年輕人已經擁有了美國一家著名的印刷廠，而他當年的同伴們卻因自小揮霍無度，如今仍過著貧困的生活。

以上所述，是一個教育意義極深的真實故事。它告訴我們：只有養成儲蓄的習慣，才有希望取得成功，建立自己的事業。

現在，仍然有很多年輕人認為節儉是一種很失面子的行為，這真是一種極錯誤的觀念。難道胡亂揮霍就是體面的行為嗎？如果我們能把每一塊錢都用在最恰當的地方，不是更「體面」嗎？大千世界中每一樣東西都有它的存在價值，是可以隨便糟蹋的嗎？那麼對於寶貴的金錢，我們難道可以這樣隨便胡亂地糟蹋嗎？

我們必須明白一個道理：節儉其實是一件很簡單、極易行的事情，誰都可以做到。你願意過貧窮的生活嗎？你願意時時有人向你討債嗎？你願意因為負債坐牢而失去自由嗎？你願意一生屈居人下、自甘落後嗎？你當然不願意，你就一定要養成勤儉節約的習慣。

曾經有一句話：「寧願因饑餓而倒地，也不願因苟且偷生而欠債！」是啊，暫時忍受一下饑餓、寒冷和貧困，犧牲暫時的一些快樂與幸福，又有什麼關係呢？千萬不能為了圖一時的享受，便拋棄了自己的前途，不知廉恥，使信用喪失殆盡，使意志消沉，使身敗名裂，使人格斷送，這會使你的生命像漫無邊際海洋上的一葉孤舟，失去方向任其漂流。

有一句名言：「節儉是你的財富。」反之，一個負債累累、愁容滿面的人，是不懂得利用這個巨額財富的。對於那種人，大家應該避免與他們來往，他們的消極影響會浪費你的精力，消磨你的志氣，會損害你的意志、你的事業、你的職位以及使你成功的一切因素，所有這些有利的東西都可能被它破壞殆盡。

生意成功的秘訣

一個成功的商人必須具備謙遜禮貌、老練大方、機智敏捷、考慮周到、小心謹慎、善於言辭等優秀品格；更為重要的是要有忠實誠信的品格和堅忍不拔的自信，同時要對自己所經營的商品、所從事的行業非常的瞭解。

無論什麼人，如果他對生意經很精通，賺起錢來一定不難。做生意是一種很有價值的職業，世界上的一切商品得以融通，那些能幹的商人在其中起著很大的作用。一個精通生意經的優秀商人，絕對不會失業，他們只會成功。

「生意經」的內在含義十分廣泛，比如在皮鞋店門口用一隻很大的皮靴做廣告就是生意經。保險、證券交易所、銀行、大商行等機構所聘用的經理、行長、主管、推銷員，都是精通生意經的商人。生活中各種各樣的商品，各種各樣的業務，集合起來就供給了社會所需的一切商品和服務，這些機構對社會來說非常重要。

一個商人要想獲得成功，在開始時一定要從小事做起。例如要想從事保險事業，最初進入保險行業時，最好先從一個小地方的業務人員做起，然後再做到經理，再從一個小鎮的經理到一縣的經理，從一縣的經理升到一區的經理，從一區的經理升到大都市的經理。如果做了一市保險公司的經理，他還能遊刃有餘，他就不難再被任命為總公司的總經理。如果他的薪水不高，只要他認真工作，肯下功夫，肯吃苦耐勞，肯定會得到額外的津貼或獎勵。透過艱苦磨難鍛鍊出來的人才，他在業務上的經驗一定很豐富，他也一定非常精通某一行當的生意經。也許在他還沒有在本公司做到頂尖人物時，其他公司就有一份待遇很好的工作在等著他。我記得幾年前，有兩家公司為了爭奪一個業務人員而打了一場官司，原告說他們與那位業務人員所簽的年薪五萬美元的合同尚未到期，所以要求他不准中途違約，去幫助另一家公司。

在商業知識、商業技巧等方面的訓練非常重要。一個成功的商人必須具備謙遜禮貌、老練大方、機智敏捷、考慮周到、小心謹慎、善於言辭等優秀品格；更為重要的是要有忠實誠信的品格和堅忍不拔的自信，同時要對自己所經營的商品、所從事的行業非常的瞭解。這些優秀的品格不僅是一般的商人所應該具備的，對於從事其他工作的人來說，也非常必要。假如具備了這些優點，再加上正確的態度，就奠定了一切事業成功的基礎。

很多人因為謀不到好的職業而感到焦慮不安，甚至陷入恐慌之中。但同時，卻有無數的雇主都因為聘不到精通生意經、善於銷售商品的出色員工而感到苦惱。有些才能平庸的銷售人員總是業績很差，但是他們竟然總是有理由和藉口，比如什麼市場行情不好，經濟蕭條，購買力弱，競爭激烈……其實，雇主們很討厭聽這些藉口和理由，他們只知道東西一定要賣出去，所以就需要聘僱精通生意經的出色的員工。

事業的成敗，你自己決定

我們應該明白一個人要獲得真正的成功，必須誠心誠意，充分地剖析自己、改善自己；至於成功的機會，只要一個人具備了這些自身條件，他總能獲得。

要贏得別人的尊重，是一件不容易的事情。但如果因此而退縮，那就是極大的錯誤了，一個人如果沒有自尊、自重的觀念，是不可能取得任何成就的。

一個對於自己的好惡、成敗充分瞭解的人，才有希望走上成功的道路。有的人充分瞭解，見到別人有所成就，他就喜歡對別人做的事情說三道四、嫉妒別人。但同時，還是暗地裡去模仿別人，但結果還是失敗，原因在於他們缺乏獲得成功需要的一切要素。我們應該明白一個人要獲得真正的成功，必須誠心誠意，充分地剖析自己、改善自己；至於成功的機會，只要一個人具備了這些自身條件，他總能獲得。

如果用不正當的方法獲得了所謂的成功或「美好」的名譽，無論所得有多大，它都不會比按照天理良心做事所獲得的成就更讓你滿意。這種成就，即使是遭遇極大的艱難困苦而得，才算得上真正的成功。

如果一個人將自己的事業與成功建立在別人的痛苦之上，他自己的身體和精神上所受的痛苦，也會使他寢食難安，代價沉重。

一個專門喜歡裝腔作勢、裝點門面的人，他終究會露出自己真實的一面。當他春風得意時，固然可以耀武揚威、神氣十足，可是一旦露底之後，他必將羞愧難當、無地自容無法在再立足於社會。

無論你從事什麼工作，身居何種要職，做事的時候一定要實事求是，如果做到這一點，一個人的信譽、勇氣和才能就會有可靠的基礎。只有堅持這種做法，才可以使人在走向成功的道路上添上更重要的籌碼。

真正的成功並非一定要建立什麼豐功偉業，或者一定要有豐厚的資產，也不一定要揚名於世，更無須做出什麼驚天動地的事情。真正的成功是指一個人的道德、學識、才能發展到一定的高度，能夠有益於社會和人類的進步。

成功的人能順應自然的趨勢、恪守自己的職責和本分，而那些不守本分，跑到公共場所或

這是一本
成功學的絕對經典

大城市等地方去爭名奪利的人，卻往往是失敗者。兩者相較，不知要差多少！
每個人都應該記住，成功既非黃金可以堆砌而成，也非震動世界的名聲可以堆砌而成。

一第三篇一

最大的財富

偉大人物們的心靈

你應該學會懂得尊重任何一個人。

有一天，美國總統傑弗遜和他的外孫騎馬郊遊，路上遇到一個奴隸，奴隸向他們脫帽鞠躬。傑弗遜總統也向那個奴隸脫帽致與禮節，但是他的小外孫對那個奴隸不屑一顧。「湯瑪斯，」傑弗遜鐵青著臉對小外孫說，「你應該學會懂得尊重任何一個人」。

黑人領袖弗雷德里克・道格拉斯對林肯的評價非常高：「美國這麼多大人物，林肯是第一個願意跟我誠心誠意地進行自由交談的。每次和他談話，我往往會情不自禁地忘掉我們之間還有膚色上的差異。」

中國的一位古人曾經說過這麼一句話：「在自己家裡吃飯應該像在國王那裡吃飯一樣舉止得體。」在家裡，假如父母對小孩的行為舉止不約束，等到孩子出門在外時，他們也就不知道什麼行為可恥了。

美國詩人詹姆士・洛威爾從來不輕視任何一個人，都一視同仁，不管對方是乞丐還是國王。有一次，有人看到他在街頭和一位賣藝的風琴師用義大利語交談得非常投機。原來，他們是在討論義大利的風景，他們對那裡的情況了如指掌。

一次在倫敦，一個青年婦女急急忙忙在大街上走，不小心和人撞上了。那是一個非常可憐的小乞丐，衣衫襤褸，幾乎被撞倒。女士趕緊停了下來，轉過身子，聲音非常柔和地說：「請原諒，孩子，撞到你了，真對不起。」小孩目瞪口呆了起來，看了她一會兒，緊接著他摘下帽子，向她深深鞠了一躬，臉上綻放著笑容，說道：「沒關係的，小姐，非常高興……非常高興。下次你把我撞倒也沒有關係，我不會怪你的。」這位女士離開後，要飯的小孩忍不住對同伴說：「喂，約翰，第一次有人請求我的原諒，我真的很高興。」

一次，拿破崙和他的隨行走在聖赫勒拿島上的一個橋邊，這時對面有一個挑夫挑著一副很重的擔子走過來，拿破崙的隨行有心先過橋，就準備把路佔住，拿破崙連忙制止住他們，對他們說道：「讓他先過去吧，人家挑著東西呢。」

美國首都華盛頓有一位政客，一次到麻薩諸塞州的馬奇菲爾德，去拜訪隱居在鄉村的奇人丹尼爾・韋伯斯特。在快到韋伯斯特住宅的時候，他想走近路，但是事情並不如意，眼看就要到的時候，他被前面的一條小溪擋住了去路，政客內心裡非常焦急，不知如何是好，這時溪邊上有一個相貌普通的農夫路過，他趕緊喊住這個農夫，讓這個農夫背自己過河，並願意付重金酬謝他。農夫用自己的寬肩膀扛起他，非常順利地把他背過到河對岸，但是農夫沒有接受政客的酬謝。過了幾分鐘，那個政客在韋伯斯特的家裡又遇到這個農夫，讓他尷尬萬分的是，這個人竟然就是韋伯斯特。

加里森是美國反對黑奴制度的領袖人物。一次，他在路上遇到一幫暴徒，他們撕扯著他的衣服，惡意地攻擊他。但是他並不動怒，仍然心平氣和地和他們說話，看那情形，好像站在他對面的不是暴徒，而是一些需要同情的人。他有一顆只有極少數偉大人物才具有的安寧和諧的心靈。

積極的哲理就是力量

上天給予我們生命，為的是讓我們改造這個世界，創造更美的世界。上天創造我們，給予我們無窮的力量和智慧，以使我們的人生更加美麗。

如果你相信一種神秘的力量，就必須相信人生的目的——不管這個世界在苦悶時期顯得多麼艱難困苦，都要找回你自己，重新振作起來，積極進取，為實現你完美的人生而努力奮鬥！

在現實生活中，你會碰到各種各樣十分麻煩的事情，這不是說這種事情無法解決，解決這些麻煩的事情必定要費你不少心思，而且效果還不是很好。

如果你感到單調乏味無趣，可以把你的餘暇消磨在各種各樣的娛樂方式中——但是，你積極地去完成某種計畫：從事某種愛好的工作；做一些你自己喜歡做且又可以幫助你提高精神修養的事情，那不是更好嗎？

面對飲食方面等生活問題，你可能更樂於吃一種現成的食物，但你卻忽略了自己親自動手準備食物是一種人生享受。

甚至，你願意獨自躺在床上消磨你的大好時光，不願與外面的世界接觸——不過，難道你不能做一些比這更好的事情嗎？

你消極的時候，你的生活完全與平常不一樣，十分的無助和沮喪。你避開了人生的歷程，你扼殺了自己內在的生命。但是生活卻會侵犯你，把痛苦加在你的身上，當你以失敗者的姿態倒在床上時，你便成了你自己惰性的犧牲品。

「我欠了一屁股的債，」你也許會說，「我必須把精力節省下來，用以賺錢。」

「你能不能換一種思維想問題？事情沒有這麼糟糕。」

「我也希望事情不是這樣，可是……」

不可否認的，你也許有經濟上的困難，事實上，有很多人都有這樣的困難，但是過著無聊透頂的生活，並不能激發你去克服這些困難。

「某某人又怎樣呢？」你也許會說，「他才不過四十五歲，但是要命的是，他的心臟病結束了他的生命。」

「說到那個人，那實在太糟了；我很同情他，我相信你也有同感。」

但是，把你自己封閉在一個與世隔絕的小圈子裡，對事情沒有好處。

你有權利保持沉默，但是你必須面對的是怎樣讓自己活得更有價值。實踐，創造，革新，就是你活得更有價值的方式。

以無畏的精神，去面對你必須解決的問題。

你活著的時候，就一定要奮發、進取……這才是生活之道。飛行、出海、烹調、繪畫、寫作、演講、縫紉、彈琴、讀書、思考、散步、跳舞、下棋、玩牌。你適合做什麼，就去做吧！

你的運氣不好嗎？你會連累你的同伴嗎？啊，所幸我不是你的同伴，我希望你不是為錢而玩——但是，假如你只以玩牌獲取快樂的話，這樣的生活方式比躺在床上對著天花板發悶，不知道要好上多少倍——就算你的同伴不願再與你合作，那還是值得的。

你參加了合唱團了嗎？你喜歡唱歌嗎？你唱得不好聽嗎？這是有點糟，你應該多多練習，也許有朋友能夠指點你一下。即使你搭不上腔，你的朋友也會因為喜歡你而原諒你的。

你沒有必要追求十全十美，但是你必須積極參與，必須與眾同樂，你的自尊心愈強愈好，萬萬不可將自己封閉起來。

上天給予我們生命，為的是讓我們改造這個世界，創造更美的世界。上天創造我們，給予

這是一本
成功學的絕對經典

我們無窮的力量和智慧，以使我們的人生更加美麗。

如果你相信一種神秘的力量，你就必須相信人生的目的——不管這個世界在苦悶時期顯得多麼艱難困苦。

找回你自己，重新振作起來，積極進取，為實現你完美的人生而努力奮鬥！

自我發現的出路

只要我能在生活中發現樂趣，我就不枉此生了。我只要能在心中找到樂趣，就能夠在我的真實世界中為我創造樂趣。

二十年前，我到義大利做了不少演講。此後，我利用空閒時間，遊覽了附近一些地方。我聽說綺色佳是一個美麗的島嶼，便到那裡做了一番遊玩。

綺色佳位於地中海邊，景色非常美麗。你在清晨的薄霧中接近它的時候，會有一種特別的感受：它那黑色的石基隱在霧中，你見到的只有圍牆和堡壘，在陽光的照射下顯得十分幽靜。慢慢的，霧氣會逐漸散去。你看到一座小小的島嶼——但它不是一個神秘的島嶼，島上只有一個城堡。一片碧海藍天。再深入這個島嶼，你就有一種被沉寂吞噬的感覺——這裡別有洞天，是你意想不到的，你從沒有感受過那種氣氛。

你在這裡會切實感受到孤單；市集廣場形如空設；只有海鷗的叫聲音打破沉寂。綺色佳島嶼的美麗深藏在幽靜裡，陽光在這裡沉睡著，給你的感受是你處在一種亙古的咒語之下——猶如你被一種無形力量控制著。

二十年前，綺色佳是一座無人的荒島，不知道被遺棄了多少年。

島上原來住著上千人。其後被困、解圍，鬧了幾百年，後來它被法國、義大利、西班牙佔領了。鎮民們都紛紛逃離綺色佳島；到了一七九〇年，竟不足一百個人；不久，這一百個人也走了。

岩石中有一條隧道，這是一條唯一通向城堡的通道，能夠自由出入。陽光在你的身後消退，驀然回首，往事如昔——由此地前往聖地的十字軍，封建時代的王侯和野蠻的海盜，現在都看不到了。

在這條隧道拐彎的地方，有一座聖母的神龕，它的前面燃燒著一支蠟燭。

我轉向嚮導，困惑地問：「綺色佳既然是一個沒有人的荒島，這支蠟燭又是怎麼亮起來的？」

「先生，這是一個秘密，事實上還有一個人住在這裡，待會兒我們就可有機會跟他見面談一談了。」

我們繼續攀登。隧道再度轉彎，這時我們被陽光照射住了，我們到了市鎮的中心。幾隻小蟲爬過塵封的馬路，海鷗叫了起來。

「這裡，先生，」我的嚮導在一面圍牆的後面叫著，「這裡好看極了，快過來吧！」

他站在陡峭的懸崖邊上，高高地聳立在海面上，從上面往下看，巨大的岩石比雞蛋還小。「這就是古代處置罪犯和戰犯之處。」我的嚮導告訴我：「他們被綁起來，束手待斃。然後劊子手來了。就這麼一推，一聲慘叫——栽了下去——」他向下凝視：「恐怖的酷刑！」

我希望能夠在島上碰到一個人。「獨自住在這個島上的那個人在什麼地方？」我問。

「不遠了，住在主教的官邸裡。」

我們走過幾條曲曲折折的道路，進入官邸的庭院。

在這座官邸的裡面抬頭往上看，你可以從拱形屋頂的縫隙中，看到天空美麗的景色。下面是衛城的城牆，直抵陽光照耀的海面，波光粼粼，一陣一陣蕩漾開去，非常耀眼，直到與天地相接之處。地平線的盡處是義大利，它被煙霧籠罩著，看不太清楚。

「見到你們真高興。」一個人聲說道。

我原本以為是一位老態龍鍾的老者，沒想到綺色佳的這位隱者卻是一個青年。他的眼睛炯炯有神，一頭捲曲的頭髮；他的穿著打扮像極了一個農夫。

「隨便嘗一點東西吧。」他指著麵包和乳酪說。我們自己也帶了一些食物，當然少不了酒和香腸。

我們吃完之後，他為我們端來了一盆水洗漱。我們用罷，他把水倒出窗外；他倒水的動作很快。

他坐在我們的對面，靜靜地看著我們。

「你做什麼事都這麼快，有沒有一種不一樣的感受。」我說。

「什麼感受？」

「寂寞。」

「是嗎，」他笑了笑說：「寂寞！我剛到綺色佳的時候就體會到了。」

「你什麼時候來這裡的？」

「我忘記了，大概有七八個月的時間了。」

「過著這種孤獨的生活有什麼原因嗎？」

他的貓從窗沿上伸出頭來，牠是他在這城堡裡的夥伴。

「沒有什麼原因，只是沉悶無聊。」

「你長得很英俊，」我說，「應該有自己的朋友。」

他頓了一下，炯炯有神的眼睛盯著我，顯然是在猶豫著：究竟是直言無隱還是默然而止？他決定好好跟我談一談。

「不錯，我曾經有朋友。」他說：「在別人的眼中，我是幸運兒。我的父母有錢有勢；我什麼都不缺，要風得風，要雨得雨。他們為我安排了一位美麗而又富有的對象，我有一段時間迷上她了……但我終於厭倦了。」

「我原本沒有這種感覺，直到那天晚上參加了一個宴會的時候。我預料必有一些漂亮的女子參加。我事先在碼頭繫上了一條船；我想邀一位美麗佳人來一次月下揚帆。」

「當時，我正在梳理頭髮，忽然產生一種厭倦極了的感受。不僅是宴會，我覺得我的生活也很無聊乏味，我厭倦極了。」

「在宴會上，我看上一位非常漂亮的女孩。我建議來一次月下揚帆，她答應了。然後，我們就到拿坡里海灣。我一面駕船，一面摟著那個女子，她熱情體貼，我還有什麼好求的？」

「但是，我卻感到非常的沉悶。那個女孩感受到我的感覺，要我送她回來，我立刻就把她送走了。我只想到一個地方——那就是綺色佳。」

「第二天一醒來，我問自己：『為什麼要到這裡來呢？』自從幾年前，我父親帶我到這個荒島上的小鎮之後，我幾乎把它忘記了。」

「但我最終沒有忘掉它。最後，我終於決定再來看看。」

「綺色佳的海岸很美。我跳下船，迫不及待地趕到這裡，就在這時，我突然興奮極了。」

「我也不知道這是什麼原因使我如此快樂。夜幕低垂，我的身體有點疲倦，但精神很好。夜晚的綺色佳更加令人陶醉：塔樓、圍牆、閃閃發光，非常的迷人，猶如一幅美麗的月下繪畫，另有一番韻味。」

「那天夜裡，我一直都沒有睡著。天快亮的時候，我半睡半醒發著呆。突然間，我恍然大悟，那種感覺猶如大夢初醒。我明白了我為什麼那樣孤獨，我明白了是什麼力量把我推到了綺色佳。」

「我的沉悶是由於棄絕每一種興趣，現在我對什麼都不感興趣了。」

「最後，我終於想起了一個快樂的日子：那是在我很小的時候，我的父親帶我到綺色佳來。那一天，我感受到從沒有過的快樂，有要觀看一切的好奇心。我想找回當年那種快樂的感覺，如今我又來到了這裡，時隔多年，我現在是一個成年人了。」

「頭一天，我又找回孩提時的我，當我踏上綺色佳的海岸，我的心情特別激動。但幻想會消失，以後會怎樣呢？難道又回到使我厭倦的地方嗎？那裡我雖然擁有一切，但我卻感覺到什麼都沒有，虛無極了。」

「我考慮的是兩個極端：那個城市，它的人民、它的喧囂、它的爭鬥、它的聲色之樂；綺色佳，這個與世隔絕的島嶼。這裡，只要我能在生活中發現樂趣，我就不枉此生了。我只要能在心中找到樂趣，就能夠在我的真實世界中為我創造樂趣。」

「我可不可以測驗我的想法呢？我決定試一試，用上一年的時間。」

「如今，我自己為自己規定的期限已經到了，我雖然不想回去，但不是什麼都不想去爭取。」

他的精神突然間大好起來，他說：「我已經在心中發現一種難能可貴的精神。」

「在綺色佳這樣與世隔絕的地方待上將近一年的時間，」我欽佩地說，「世上沒有幾個人能夠做到。」

「我很幸運。」他說，「我已經追尋到了一種寶貴的精神，可以不再留戀綺色佳了。在我心目中任何地方都可以當作綺色佳：一個寧靜的房間，深居簡出，謝絕探訪，去探尋你的精神世界。」

奮力向目標前進

世界天天在變，你必須把每一天都用在有價值的目標上，盡自己最大的努力發掘你的潛力，抵觸一切消極的情緒，把握成功的機會。

在一段時間裡，全神貫注、聚精會神地專注在當前的一個問題上——怎樣去創造一個美好的明天。

看書或看戲都能夠培養專心致志。書和戲都有開頭和結尾，同樣的道理，思想也有開頭和結尾。從這一點能夠知道，你的思想會有一個結局——一個答案；答案就是你解決的辦法，從這一點可以相信，你可以透過這樣去實現你的目標，去發展專心致志的心靈力量。

一封信，也有開頭和結尾。萬事開頭難，寫信也不例外。但是，有了開頭之後，結尾就不是很困難的事情。專心致志做你想做的事情之後，你的目標——過著一個幸福美好的日子——

便在你的眼前，並且一切的一切都在眼前——為什麼？你差不多已經達到目標了。

全神貫注於每件事，對你而言顯得十分重要。你只要清除心中的一切雜念，不留下任何雜念，只有一個創造的日子要計畫，你就可以朝著你的計畫中的目標前進。

因此，專心致志是一個這樣簡單的事情。有了完美的開頭才會有完美的結局。

敢於嘗試開頭，你就把專心致志的問題解決了。

因此，專心致志包含有勇敢的意思；你要為之付諸於行動才行。你要把握住每次機會，不能錯失良機。

專心致志包含有解放的意味——拋棄消極的意念。你必須讓你的自我心像獨立，讓它自由自在地發展下去。

我們經常被自己的思想所束縛；濫用自責來束縛我們自己；用鎖鏈鎖住我們的思緒；自殘式的自我封閉，摧殘自己的思想。

我們經常找些藉口自欺欺人。我們為了不必要的限制找藉口；我們甚至懷疑積極生活的可能性。我們自己給自己判刑——心理的錯誤給了我們致命的打擊。

你必須清除所有雜念，解救自己（否則會使你的自我心像萎縮），然後去發掘你的潛力。

現在很多人都認為，美國已故總統甘迺迪的身價，將與日俱增，如果真是這樣，那將是他能夠集中思想和解除思想限制的一種反映。甘迺迪給美國人民的貢獻是巨大的，人們沒有理由不去追憶他。

比起甘迺迪的世界（在他活著的時候），你的世界自然是微乎其微的，但你的世界對你，跟他的世界對他，具有同等重要的意義。假如想過積極創造的日子，你要怎麼去做呢？

回問自己

在創造的日子當中，如果敢於面對殘酷的現實，我們必須發掘自己的潛在能力。思想影響人類的生存狀況，它是使我們優於其他動物的所在。對於我們發掘的潛在能力，我們總能對這些能力加以思考。對於我們自加的限制，我們不但必須對這些自加的限制專心地思考，同時還必須清楚，我們比我們所想的自己有能力得多。我們必須知道，這種認識不僅包含冥想，而且還包含了力行的思想。這裡所說的思想，不是消極被動而是積極主動的一種動作。

如果不想過分地為自己擔心，我們必須運用腦力，去瞭解自己和別人。只有瞭解別人才可以更清楚地瞭解自己，知己知彼，百戰百勝。光是守著工作是不夠的；完善自我，善待別人，諒解自己和別人的錯誤，在頭腦裡清除消極情緒，專心致志於我們的生活樂趣和成功。

我們必須每天自我反省和認識。每一天，在努力解決生活問題之後，我們的心態必須是積極樂觀的。

我們必須以更大的決心面向自己，面向自己，就是明天成功的開始。

這句話是不是言過其實了？

沒有。

為什麼？因為，在現實生活中，我們之中有許多人背離自己，悲哀地失去自我，忘了我們的成功之處。我們摧毀自己的生命力，沒有想過後果會怎樣。

假若我們以前遭遇過挫折或失敗（每個人都曾遭受過挫折或失敗），現在我們恐懼失敗再次降臨到自己的頭上，因此我們就錯估我們的前途；扭曲我們的自我心像；不再相信自己的能力；脫離了真實的我們和實際能力。

我們每天都應該有一定的時間——即使是十或十五分鐘的時間也行——使自己振作起來，面向我們自己，反觀我們的真正自我心像。失敗意味著要重新開始，怎樣面對失敗只是人生歷程的一部分。我們之中沒有一個人是十全十美的人；我們還有改正的機會。

積極創造的日子裡應該空出這麼一部分，你必須返回「你心中的綺色佳」，自在地體驗一會兒。並且記住：

你的前途一片光明，就像你過去的事情曾經獲得成功一樣。

你改正你的錯誤，突破自我。

每一天都是一個新的一生，一切都應該從頭再來，展現全新的自我，實現你的目標。

有了這種認識，你就變成自己的創造主，你的生活將會在你的積極創造下變得美好。

消極的情緒會使你背離自己，使你逐漸失去信心。

將你意識中的所有雜念清除，努力去完成你自己的意願。

傲慢會使你背叛自己，最終孤立無援。

面向自己，能夠讓你保持正確的自我心像；身為你自己的整型外科醫生，存在你身上的頑疾將不治自癒，進而改善你的自我心像。

只要有一個堅強的自我心像，你就坦然面對殘酷的現實。

「面向自己」為什麼是創造生活不可缺少的一部分？

因為，只要你感到有這種內在的堡壘，外在的不利因素無法影響你。

借用史蒂文生的話：「讓自己活得更加真實，盡我們的能力去生活，這就是我們活著的意義所在。」

聽聽別人

跟別人平等相處，我們必須培養聆聽別人的耐心。聽聽別人的談話，關注於別人所思所想，對我們而言非常的重要。

聽話的藝術就是促進瞭解的藝術，這種藝術有積極的意義。在運用這種聽話的藝術時，我們不但要用耳朵而且還要學會用心聽。我們的心靈能夠感受別人內心深處沒有顯露出來的東西。我們要學習聽取別人的意見，要知道別人也和我們一樣——沒有人是十全十美的。

我們在聆聽生活中進取的腳步聲；聆聽在我們心中送走快樂和憂愁的鐘聲；聆聽內心裡的感受。如果我們堵住耳朵，我們就學習不聽一偏之見和模稜兩可的話，不為生活中存在的消極情緒所困擾。

人生的意義在於人性的完美，積極進取就是人性完美的唯一方式。人生過程中不能缺少積極進取。在你的創造日中更是如此。在每一天的生活中，也不例外。

積極肯定

推諉責任，放棄人生不可取，你要肯定人生。你不能不負責任地扭曲你的自我心像；你要肯定你的自我心像，不要忘記：沒有自我心像，就沒有生命的真正意義。

建設性地看待自己

這些學生天生並不笨，也不是沒有才能。但由於缺乏正確的自我認識，所以失敗經常纏繞在他們的身邊。當他們在一次考試中失敗，或是某項科目沒通過時，他們經常沮喪，不能振作精神。他們在改變了自我概念後，要發揮潛力並不困難。

有一位學生由於拼字非常糟糕，以致有好幾個科目都不及格，所以留級了一年，但是到了第二年，成績好得出乎所有人的意料，竟然名列第一。另一位男生因為屢次考試不及格，遭致一所專科學校退學，但後來卻成為美國最負盛名哈佛大學的優秀學生。一位女學生，連續四次拉丁文不及格，後來經過努力，在拉丁文科目上拿到了最好的成績。有一位男孩被許多人認定他對英文一竅不通，但第二年他的英文作品卻獲得了一項文學獎。

這些學生天生並不笨，也不是沒有才能，但由於缺乏正確的自我認識，所以失敗經常纏繞在他們的身邊。當他們在一次考試中失敗，或是某項科目沒通過時，他們經常沮喪，不能振作精神。他們在改變了自我概念後，要發揮潛力並不困難。

列奇使用正確的方法，同樣治好了喜歡咬手指甲和講話結巴的學生。

我還知道很多有相同經歷的人：

有一位老師，以前每天必須賴床到離上課只有十分鐘才起床，以此表示對教書的厭惡，然後才去給她的學生上課；現在，由於她對自己有了更正確的看法，使她跟她的學生打成了一片。有一位電影明星由於情緒緊張，嚴重地影響她的事業；今天她再也不怕把自己的感覺表現出來，因此她可以坦然地面對各種鏡頭。有一位羞怯的公司主管總是逃避責任；但在今天，他非常喜歡自己，因此公司裡的職員都覺得他平易近人了。

這些都不是捏造的事實。另外還有很多跟你同樣在掙扎中奮鬥的人，他們改變了對自己的看法——他們比以前更加瞭解自己。你也做得到。

這樣讓別人看起來會認為整型醫學和心理學之間似乎沒有什麼關係。但是，我卻是在擔任整型醫師的工作時，初次瞭解到自我心像的存在，讓我們明白了很多道理，最後在心理學研究方面有不少建樹。

許多年前，我還是整型醫師的時候，就十分驚訝於病人的五官出現缺陷之後，他（她）的個性立即產生重大的改變。事實上，改變了病人的外表，等於創造一個全新的人。我有點驚異於我的手術刀的力量，不僅僅能夠改變病人的外表，甚至能改變他的一生。心存恐懼的人變得大膽了，憤怒的人變得和氣多了，完全變了個樣。

一個野蠻、粗暴的少年，以前經常和同學打架，但在他放棄自衛性的態度並試著和善待人之後，馬上和他同一年齡階段的人相處得非常融洽。

一個無精打采的中年人，每天得過且過，現在全身卻充滿新希望。他那雙曾經絕望的眼睛，現在露出了多年不見的生命活力。

解釋成功的原因，並不複雜。例如，一個不幸生了兔唇的女孩，一直遭到同學的嘲笑。她自卑極了，她的思想也非常消極。她覺得自己在同學當中是一個異類，她感到十分難過。她認定兔唇會給她帶來了不幸。她一度精神不振。她由於自身的缺陷而顯得特別突出，別人藉此攻擊她就顯得很正常了。她的兔唇經過手術修正之後，使她對未來生活中充滿自信嗎？因此她在情緒上有所改善，這也很正常。

快樂生活的秘訣

想要過快樂的生活，必須擁有實際、充分的自我認識，必須擁有足夠的自信，必須能夠真實地展現你自己，而不害怕曝光，必須認為不必隱藏你的真實面目，你必須有自知之明。

一個人怎樣才可以快樂地生活？一個人怎樣才可以在我們這個繁忙、喧鬧的世界中找到幸福的生活？有沒有快樂的秘訣？

這些都不複雜。想要過快樂的生活，必須擁有實際、充分的自我認識，必須擁有足夠的自信，必須能夠真實地展現你自己，而不害怕曝光，必須認為不必隱藏你的真實面目，你必須有自知之明。你能夠從內心裡感受到外界的微妙變化。當你的自我心像完整而充分時，你的感覺將會非常美妙；你會感覺到自己充滿信心。你徹底地展現你自己，你對此感到很驕傲。你散發出生命的氣息，並積極創造生活——從生活中獲得快樂。把五官的缺陷修正之後，自我心像也會獲得同樣的改變，只有這樣才可以產生重大的心理變化，不然這種改變沒有多大意義。

你不妨拿著一面鏡子，不時地看看鏡中的自己。好好地看用心看，不要拒絕鏡子中的你。知不知道該怎樣觀看？看些什麼？你有沒有聽到有人說：「我要看自己表演嗎？」是嗎，你將會看到某個人，他五官俱全，四肢發達，難道你就為了看這些嗎？當然不是，你必須看到這些肉體特徵的後面——看看你內心隱藏得非常隱秘的那個陌生人，這些你在鏡子裡根本看不到。

這就是你的自我心像。

如果你的自我心像是你的敵人，你很難控制你自己，你過去是什麼樣，現在在自我心像的作怪下，只會比以前更糟糕。

如果你的自我心像是你的朋友，它將幫助你樹立起生活的信心和增長你的勇氣。真誠地對待你。只有這樣才會幸福，並且取得引人矚目的地位。

英國著名作家赫胥黎曾經寫道：「在宇宙中只有一個角落，你一定能夠加以改進的——那就是你自己。」

正確地改變自己很重要。

成功人士的成功秘訣

成功之前難免會碰到障礙。想在生活中獲得勝利，一定要具備極大的勇氣。

著名電影明星克拉克・蓋博就是一個成功人士，大家都看過他所主演的電影，他飾演的都是高傲、遊戲人間、懂得享受人生的角色。

在他還沒有成名的時候，他就是過著這種生活方式。他從來不害怕嘗試新的事物，他有冒險的精神。他曾在礦區給別人送過水，也曾在一家鋼鐵廠擔任計時員。第一次世界大戰結束後，他為一家服裝店工作。在他二十歲的時候，他在修車廠擔任修車工人，他的勤勞，他馬上得到提升。他曾經替一家公司演戲，並加入一家巡迴戲班演出兩年，薪水很少。後來他又當過伐木工人。

這些經歷沒有給他帶來不幸，相反，他有了豐富的人生閱歷，他沒有失敗，因為克拉克・

蓋博那時就已經是成功人士了。在他的眼裡，成功和活得愉快是同一件事，雖然他當時經濟拮据，但是他的生活卻很成功。

對通用汽車的前任總裁哈洛・科蒂斯而言，他的成功表現在經濟方面取得的成就。

科蒂斯的家庭並不富裕，他只受過高中教育，他一九一四年在通用汽車公司的一家附屬公司裡擔任小職員。到他三十五歲時，他已成了這家公司的實權人物。後來當他被任命為該公司別克汽車部門的總經理時，年齡也沒有超過四十歲。

科蒂斯非常熱愛工作，他是一位積極進取的主管，他大刀闊斧地對別克公司進行改革，親自掌管銷售，並親自到鄉間拜訪別克汽車的經銷商，為經銷商們打氣，促進銷售，開拓更大的市場。

在全球金融發生危機的那四年裡，他卻能使別克汽車的銷售量增加四倍，使由他負責的別克公司成為通用汽車公司集團中第二賺錢的機構。

科蒂斯的年薪是七十五萬美元，但這代表不了他的成就，他的成就遠勝過這筆驚人的薪水。他熱衷於為自己以及他的員工計畫切合實際的目標，更熱衷於克服隨著這些目標而出現的障礙，從中培養勇奪勝利的習慣。

查理斯・艾倫在商界地位很高，他十五歲離開學校，在華爾街為別人送信，十九歲時就創立了自己的投資公司。令人感到不可思議的是，他到二十六歲時已經賺進又賠掉了幾乎一百萬美元。

艾倫的成就在於對自己評斷股票的能力充滿信心，這股信心幫助他投資大筆金錢。因為他做事果斷、幹練，因此在關係到幾百萬美元的重大投資時，他的話就有關鍵性的作用。

艾倫對自己非常自信，他起初沒有多少錢，也沒有良好的關係，就在他賺了一筆錢後，又立即碰上股票市場大跌。在那段經濟不景氣的悲慘歲月中，有很多人承認自己失敗，但艾倫卻不承認失敗。他重新恢復了自己的事業，使得他的銀行投資公司不但成為盈利公司，而且知名度還挺高。

黑人網球女將愛西亞・吉伯森寫了一本名叫《我一直渴望功成名就》的書，她在書中描述她對成功的看法：

「我一直想要出類拔萃。也許就是為了這個原因，所以我小時候就經常離家出走，不管父親如何毒打我也不怕。這也就是我學習打網球並持之以恆的原因，事實上我非常玩世不恭，而且也不服從網球教練的指導。」

「……我下定決心，一定要功成名就，出類拔萃——不成功就成仁。」

愛西亞求勝的意志非常強烈，因此她最後功成名就，成為美國最優秀的網球明星之一。

這是一本
成功學的絕對經典

法國著名的小說家羅曼·加里認為他的成就可以告慰他已去世的母親，因為他母親為他付出了一切，將他撫養長大。以他的藝術成就，他認為他的母親可以含笑九泉了。

著名的魔術表演家何丁尼在魔術表演方面成就很大，他的名字就是魔術師的代名詞，也代表魔術表演。他的生平故事很感人，因為他是透過自己的努力而獲得成功，他認真研究魔術技術，他很有恆心，失敗也不服輸。

何丁尼早期在馬戲團中表演，好些年都一直充當小角色，而且生活困難。但是他毫不在意，不停地研究及練習各種魔術手法。他的家人堅決不同意他幹這一行，世界上也沒有人認得他，但是他不斷嘗試改進，最後終於名揚天下。

如今，人們對棒球非常推崇，著名的棒球選手吉米·皮爾沙一直是一個優秀的棒球選手。

皮爾沙是波士頓紅襪隊一名緊張的年輕球員，因為一上場就緊張，所以經常精神崩潰，而且是在大庭廣眾之前發生精神崩潰——美國棒球聯盟的棒球球員經常是報紙頭條新聞中的製造者——通常，像皮爾沙這種情形，一般都會自動地退出球隊，以避免為自己帶來難堪的局面。但是吉米沒有這樣做，他仍然回去打球，他毫不氣餒，心平氣和地苦練球技，一連在球場堅持了七年，實現了美國棒球球員的最高目標。他還為克里夫蘭紅人隊效命，也取得輝煌成績。

成功之前難免會碰到障礙。想在生活中獲得勝利，一定要具備極大的勇氣。

任何人都有缺點

問題與生活密不可分，若想成功地生活，一個人必須接受這些問題、壓力、錯誤、緊張、各種失誤——這些也都是生活中的一部分。

不要忘記它：「失敗是成功之母。」我在很小的時候第一次讀到這句話，從此以後，我再也沒有忘記過它。任何人都可從這句話中受益。

如果你想永遠都不失敗，你將是一位失敗者——因為世界上，每個人都會遭遇失敗。

假如有家庭主婦認為，她的家裡必須一塵不染，否則她的一生將非常悲哀。家裡不是消毒過的試管，除非你家裡是真空室。

認為自己必須隨時把感情隱藏起來的人，只不過是讓自己與世隔絕而已。他並不高貴，也不完美，他只是完全放棄自己的成功本能。

認為自己外貌長得十全十美的女人，是在貶低她自己的人類特點，使她沒有自知之明。

再想想那句名言。許多人無法成功，主要是因為他們不敢走出第一步。他們害怕失敗，他們即使是第一次嘗試某件事情也想做到無可挑剔。如果他們的完美主義真的非常強烈，他們這一生再也沒有機會嘗試新的事物——如果第一次不能成功。

如果你不把自己當作一個人，你將一事無成。每個人都不可避免會犯錯，犯錯是人類的天性，如果你真的十全十美，可以肯定的是你不會有朋友，因為誰也無法輕鬆自在地與你相處。

嬰兒學習走路的過程，是一個跌倒以後又爬起來的過程。我們確實認為，對這些嬰兒來說，要學會走路非常不容易，所以我們希望他們可以從錯誤中學習，並且可以長足前進。

假設你現在要做一些非常不易辦成的事情——以你目前成熟的程度來說，與嬰兒學步沒什麼區別。假設你是一位家庭主婦，你的丈夫帶主管回家吃晚餐——你以前從未碰過這種情況。你緊張得不得了。你說了一個笑話，卻沒有人笑，你問了一個問題，反而使整個場面更加尷尬，你犯了錯誤。你是一個失敗者嗎？

當然不是，你只是沒有很好地處理好實際困難而已。這種情況你應該同情你自己，就好像跟你同情一個初學走路的小孩子。

趁早忘掉你的失敗，盡可能使當天晚上剩餘的時間過得愉快一點。你丈夫的主管可能反而會更喜歡你——以及你的丈夫——因為他會覺得你很隨和，每個人都願意跟隨和的人相處。

就如同一位家庭主婦渴望把家整理得井然有序一樣，一位剛結婚的年輕男子也迫切想證明他自己是維持家計的一家之主。他們的第一個孩子剛剛出生，他第一次感覺到如此強烈的欲望——賺更多的錢讓妻兒活得更好。這個時候，他感覺到了生活的壓力。

他是一個剛剛從事保險業務的人，對於一個新手來說，他的表現不俗，但是他所遭受的壓力卻稍稍改變了他的個性。他跟客戶談生意時，比以前更焦急，在態度上更顯得具有強迫性，他迫切想要的是他自己所賺的錢，而不是顧客的保險需要。

他錯失了幾筆馬上成交的生意，不久，他就認定自己是一個失敗者。

難道他真是一個失敗者？當然不是。

他只是正在經歷一種調整期，只是心情有點紊亂。他唯一真正的錯誤是：對他的錯誤沒有一個完整的認識。

問題與生活密不可分，若想成功地生活，一個人必須接受這些問題：壓力、錯誤、緊張、各種失誤——這些也都是生活中的一部分。過分地在生活上要求自己只會增加自己的壓力。

古羅馬哲學家西斯曾經說過：「想要達到最高處，必須從最低處開始。」這句話說得非常好。

幸福生活的七項原則

在內心深處體驗幸福的感覺，對自己微笑。在實際行動中，努力創造自己的成功，盼望著每一天的到來。你要堅信，烏雲只會暫時遮住天空，萬里無雲、晴朗天際才是天空的本色。

你可以讓你的生活更加豐富多彩，美好幸福。我深信以下這些規則對你有很大的幫助：

一、**樹立快樂生活信念**。在內心深處體驗幸福的感覺，對自己微笑。在實際行動中，努力創造自己的成功，盼望著每一天的到來。你要堅信，烏雲只會暫時遮住天空，萬里無雲、晴朗天際才是天空的本色。

二、**向消極思想宣戰**。拒絕不存在的憂慮和擔心，消極思想侵入你腦中時，馬上展開鬥爭。問問你自己，為什麼擁有天賦幸福權利的你，卻時刻會受到焦慮、憎恨的騷擾。向所有的邪惡思想宣戰，並且打敗它們。

三、強化你的自我心像。把自己置身於最容易成功的思維空間，並且對自己稍加讚賞。同時想想你以前的快樂時光和輝煌的時刻。充分地認識你自己，讓自己充滿自信。

四、讓自己開懷大笑。成年人有時候也會微笑或發笑，但是真正能讓自己開懷大笑的人只佔少數，我所指的是能給人輕鬆自在感覺的開懷大笑。真正的開懷大笑，能洗滌你心中的雜念。它是你的成功本能的一部分，只有擁有了它，你的成功才會更有把握。如果你步入成年都還沒有開懷大笑過，趕快回到你腦中的學校，學會讓自己開懷大笑。

五、挖掘出埋藏在你內心深處的寶藏。不要埋沒了潛在你內心深處的天賦，你不能拋棄這些能夠改變你一生的力量。

六、樂於助人。樂於助人將是你的生命中最有意義的經驗。你要相信你的人生價值，你必須明白，許多看來似乎很不快樂或是充滿敵意的人，實際上是他們對自己不夠瞭解，致使他們不能瞭解別人。只要你並且對他們，你將會對他們感激、欣賞的反應，感到萬分的驚訝。那些外表看來最冷漠的人，其實是最心軟的人，你想著幫助他們的時候，你會感到很滿足。

七、從事會令你感到快樂的活動。籃球、足球、滑水、繪畫、唱歌、跳舞……沒有誰能告訴你從事那一種活動——你必須告訴你自己。你一定要記住這一點，從事任何對你有益的活動，對你的生活很有幫助。

你可以忍受一切

任何人都會遇到挫敗，挫敗並不重要，重要的是，你怎樣在以後的日子避免挫敗，走向成功。我們從失敗中重新站起來時，就能創造美好的前途。

有些人認為，他們的一生遭遇了很多不幸的事情，正是這些不幸的事情讓他們一直都處在成功的邊緣，遺恨終生。這不是事實。身為人類，你具有無限的內在潛力，你很堅強，足以忍受一切——除非你自甘墮落。

羅斯福總統受到小兒麻痺症的折磨，但是他非常堅強。在他的一生中，大多數時間因為半身麻痺而無法行走，但是他卻沒有讓美國人民失望。

海倫・凱勒是一個殘疾人，又瞎又聾，但她個性堅強，對世界有重大貢獻——她是作家、社會活動家，並且是一位生性活潑、樂於助人的女士，她並未為自己自身的不幸而浪費時間去哭泣——如果是別人，或許早就一蹶不振了。

這位偉大的女性，以最出色的成績畢業於雷克里夫學院，並奉獻出她的一生，為所有的殘疾人服務。她寫文章，出版著作，積極奔走美國各個階層，替「美國盲人基金會」這類的慈善團體服務。

這些人跟你一樣堅強。你必須運用內心的積極力量來發展對於自己的信心，並堅信自己是一個十分堅強的人，不會屈服於任何打擊和失敗。

大概是一年前，有個保險推銷員找到我，想要跟我談談。他讀了我所寫的《成功的新觀念》，特地從德州的達拉斯跑來見我。他帶著很多問題來找我，他想和我討論一些問題。

我在客廳裡接待了他，他一面悲哀地望著地毯，一面說他非常恐懼在德州的保險業務大會上發表演說。他是一位成功的推銷員，他的業績是公司裡最出色的，當他站在台上向同事發表演說時，他就會變得很緊張，隨便說上兩句連自己都感到不知所云的話，然後就坐下來，他為此感到非常慚愧。他非常害怕，甚至擔心自己會昏倒。

他有時也會帶著妻子參加這些會議，他的妻子看到了，他更加感到害怕；他甚至猜想，台下的聽眾都在議論、嘲諷他。

我望著眼前的這位成功的推銷員，他長得極為體面，顯得非常精明；他渾身散發出高雅的氣息，我吸著雪茄，企圖想說一些話來安慰他。

我說：「有點令人不可思議，本來應該讓別人留下深刻印象，你這樣的表現確實有點不可思議。」

「你擔心的太多了。你實際上是一個很好的演說家。你說話條理分明。但是當你上台面對同行時，卻變了樣。」

「事實就是這樣，」他回答說，「我覺得很害怕。」

「恐懼會產生很多荒謬的態度，這樣會使你無法發揮潛力。」

「我先給你講一段故事，然後再告訴你，你的毛病在哪裡。」

「記得我還在醫學院讀書時，我學的是病理學，教授在口試時，總喜歡叫我起來回答問題。當時，我的情形跟你幾乎沒有什麼差別，我看到另外八十位同學瞪著我時，恐懼感就會將我淹沒，我真的感到非常恐懼，無法仔細思考，甚至回答不出，我感到很慚愧，我感到自己是一個失敗者，因為我一坐下，立刻就想出了剛才想不出的答案。」

「在筆試時，我就沒有這種恐懼的心理了。我看看顯微鏡，把我所看到的一切寫了下來。結果我筆試成績很好，但我仍然擔心這一科無法及格，因為我的口試成績很糟糕，我擔心我將因此無法成為一名醫生。這種情形像極了一名可憐的游泳選手，必須游到岸上，否則就會淹死——我必須克服我的問題，這樣我才可以找回自我。」

「後來，我想到一個辦法克服我的缺點，我被叫起來的時候，我想像自己正透過顯微鏡看著切片，這使我充滿自信。同時又告訴自己，我有權利犯一點小錯，每個人都會犯錯的。」

「後來，我又被叫起來回答問題時，我又感到有點猶豫與惶恐，這時我會馬上告訴自己，我只是一個普通人，我立刻恢復了神智。後來，我取得優異的成績。」

「我曾經經歷過跟你類似的痛苦——儘管方式不一樣，但原因卻是一樣的。我害怕犯錯，這種恐懼使我暫時失去理智，因此不知所措。」

「朋友，我的經驗應該能夠給你啟示的，因為你的問題僅僅在於你擔心在你的同行面前犯錯。你的感情受到影響，因為這種恐懼感影響了你。」

「請記住，每個人都會不可避免地犯錯，你更要記住，你已經很有成就了。下次你站起來講話時，回顧一下你上一次賣出一筆保險時的那種成就感，這將使你產生信心，充滿自信。」

「任何人都會遇到挫敗，挫敗並不重要，重要的是，你怎樣在以後的日子避免挫敗，走向成功。我們從失敗中重新站起來時，就能創造美好的前途。」

這位推銷員回到他的家鄉，此後就能夠向保險推銷團體發表演說了。

他的目標一如既往訂得很高，但當他做得不夠完美時，不再感到慚愧了，因為他對自己有足夠的瞭解。

你能夠除掉你的感情傷疤，以下這兩項建議對你的幫助很大：

一、拒絕模仿別人。

二、拒絕擔心犯錯。

任何一個人，偶爾都會覺得沮喪；偶爾都會情緒不好，腦子裡的想法也會消極一點。你非常後悔自己為什麼犯了那麼多錯誤與疏忽。你會鬱鬱寡歡，當你看著鏡子時，你也會覺得不高興。

許多沮喪的原因在於沒有充分地認識自己。只要你能接受你自己，你還是能克服你的沮喪。只有在你無法接受自己時，你的沮喪將長久存在。以下是突破沮喪的方法：

一、原諒你目前的情緒——不要因為情緒不好而自怨自艾。

二、盡可能寬容別人——他們也有自己的問題。

獲得友情的五項規則

你尊重別人，別人也會尊重你。想要強迫別人接受你自己先入為主的觀念，這是作繭自縛的行為。如果你採取這種錯誤的做法，你將會得到一位敵人，而不是一位朋友。

遵守以下這五項規則，你將朋友遍天下：

一、**做你自己的朋友**。假如你自己都拒絕跟你交朋友，那你不可能成為別人的朋友。如果你沒有自尊，也將無法尊敬別人，而且將對別人充滿惡意。別人也將察覺到你圖謀不軌，所以你也得不到友誼。他們可能會同情你的問題，但你還是得不到真正的友誼。

二、**主動接近別人**。這一步很重要。當你與某個相識的人在一起時，如果你覺得自己想與別人交談，你不妨盡量表達你的意思，只要不失態，隨便怎麼談都可以。如果你講了一個笑話，不要認為自己傻；如果你感到窘迫，並希望別人能夠接受你，也不要覺得自己不夠穩重。

盡可能去找尋具積極個性與美德的人，把他們找出來，不要苛刻要求，要消除這種想法，因為這種想法破壞友誼。

三、把你想像成別人，這種想像能夠幫助你。假如你能想別人之所想，急別人之所急，並且盡量正確，你將可以感受到他的需求，並且竭盡全力在你的能力範圍以及你們的關係程度之內，滿足這些需求，你還能更加瞭解他的內心。如果他在某些方面很敏感，你盡量避免令他感到難堪或不安。當你覺得有意表現自己的寬大時，你可以讓他感受到你的寬大。如果他是一個值得交往的朋友，他將會對你的仁慈非常的感激，而且回報你——以他自己的方法回報你。

四、接受別人的獨特個性。每個人都有各自不同的特點，尤其坦誠相處時，更能表現出這種特點。這是現實存在的誰也避免不了。別人是別人，不是你；你尊重別人，別人也會尊重你。想要強迫別人接受你自己先入為主的觀念，這是作繭自縛的行為。如果你採取這種錯誤的做法，你將會得到一位敵人，而不是一位朋友。

五、盡可能滿足別人的需求。這是一個既現實又殘酷的世界，人們經常只想到自己的需要——不會想到別人。盡可能擺脫這種情況，並且多多替別人設想，這樣的話你肯定會被別人視為知心朋友。許多人喜歡把自己的觀點強加在別人的頭上，別人只能洗耳恭聽。這不是交友之道，你要和他「交談」。

我已經告訴你很多怎樣交友的最聰明的忠告，如果你能有效應用，你的朋友將遍布天下。你的自我心像時刻左右著你。當你與別人相處時，你對自己的感覺將時時影響你對他們的想法，以及影響你該怎樣和他們交往。這是不可避免的。

如果你覺得自己沒有什麼價值，你很可能歪曲了你的想法，使你的想法陷進下述幾種形式之一：

一、你自甘墮落，逃避現實，自我封閉，限制了任何自發性的行動，一點都不能合群。

二、你總是喜歡千方百計地挑剔別人，提升你自己懦弱的自尊，這樣做導致你陷入孤獨。

三、你將變得口若懸河，拼命想要證明，自己不是一個一無是處的人。（你對自己也開始吹毛求疵了。）

四、你將不斷地和別人競爭，總想自己取得勝利，使自己超越別人。

這樣的人在現實生活中非常常見，跟這樣的人交往很難。你自己可能仰賴上述的自衛性行動。假如真是這樣，那你現在應該在與別人相處時，加強你的自我心像，只有這樣，才可以更自然地與別人建立友誼關係，而不必祈求別人。

「告訴你自己」你代表著上帝，它塑造你，要擁有一顆博大的愛心；它創造你，使你具有溫情與人性，這些美德儘管有時並不明顯，但它們肯定潛伏在你的身上。

「記住」你童年時代友誼的純真與美好。竭盡全力生動而詳細地記錄你在童年時代的點點滴滴，以及你和你的夥伴相處時的美好時光。重新捕捉你們童年時代最美好的時刻，回味當時的情景。重新恢復你的感覺，重新振作你的精神，讓你意識裡的負擔永遠消逝。

「專心」於別人給你一生的愛憐。悲天憫人，不再斤斤計較。從頭開始，回想你母親照顧你的恩德，或感謝你父親的體貼。沉醉在以前的幸福時光當中，回想當時大家衷心地祝福你，而你又怎樣跟你所信任的朋友共用彼此的信心。如果你以前的生活非常窘迫，你還是可以回想一些單獨的事件，只要這些事件使你感受到別人對你真正的關愛和憐憫。盡量使你的愛心維持活潑，時刻關愛著別人，因為它們就是你的自我心像不可缺少的一部分。如果你心中沒有積極活潑的愛意，你的生活肯定不會幸福。

「除去」你腦海中的情感疤痕。每個人都有這種傷疤，如果總是想著它們，你根本沒有任何的幸福可言。如果你自怨自艾，你將無法對自己產生實際的想法。

「接受」你自己的缺點。如果你過分要求自己，你的自我心像將會變得很薄弱。你時刻對周圍的事物保持敵意，是否有人注意到你的缺點或錯誤；此外你還會對別人吹毛求疵，他們會認為你格格不入。你如果接受你的本來面目，你將會發現把友誼送給別人並不困難，會得到生活中最美好的一次經驗。

或許有些人一生中只結交很少的幾個朋友，因此覺得沒有人愛你。事實不是這樣：你的問題在於你一直未能公平對待自己。任何一個人的身上都有某些可愛之處——找出來才顯得你更加可愛。

你的自尊以及對別人的友誼，這些非得自己努力爭取不可。無論有多麼艱難，只有你自己才可以辦得到。反覆溫習這個練習，對你的未來很有幫助。

每日十二項法則

你要有自己的個性，不要在乎別人對你的評價，你不妨給你自己讚許的微笑。加強你的自我心像，你會逐漸呈現你的個性。不要理會那些想要逼你向他們意志屈服的人。

以下所說的「每日十二法則」雖然只是一些概述某種觀念的文字，但它的威力卻是不可估量的。唯一不同的是它們不會對你造成任何的傷害，只會引導你獲得美好的生活。

一、**真相**。現實生活中，只有少數人能夠認識自己。你或許也不能認識自己。大多數人都很容易看低自己的能力、價值及潛能。沒有自信，只想著失敗，而忽略了成功，他們不停在精神上折磨自己，幾乎已到虐待狂的程度。你有沒有正確對待過自己？還是一種陌生的概念使你脫離現實，並從內心來毀滅你？不要遮掩你的真面目——你最佳時刻中的本來面目。

二、**想像力**。這是很棒的一種工具——但很多人卻沒有充分利用好它。「道德勇氣的最大工具就是想像力。」英國偉大詩人的雪萊這樣說過。法國著名的作家朱貝爾也宣稱：「想像力是靈魂的眼睛。」未經加工潤色的作品不是好作品，未經培養的想像力無法引導你進入幸福生活的美好世界。盡量利用這種幻想力量幫助你取得更大的成就。想像你一直渴望的角色與情勢，時刻想像自己正處於這些成就中。反覆地想，直到你對任何事物都充滿必勝的信心為止。使你的想像力成為值得珍惜的朋友，而不是阻礙你的敵人。

三、輕鬆。人的一生十分短暫，把它浪費在擔憂煩惱上，就等於浪費了上帝賜給你的珍貴禮物。有一位哲人說過：「能夠休息者，比攻城掠地的將領更偉大。」這說得很有道理。要想攻下城池，只需擁有優勢的火力即能辦到，但如果想得到休息卻必須擁有深刻的精神能力。

學會原諒別人。因為原諒能夠令你平靜，替人帶來心情的寧靜。原諒別人吧。因為這個世界不存在完美無瑕的人。你對某人懷恨多年，你恨他時常觸犯你，但你自己很可能也有同樣缺點。接受別人的人性缺點，並原諒自己的缺點，每個人都會不可避免地犯錯。對自己的失敗不再追究，然後努力達成有價值的目標。原諒別人就是原諒了你自己。

四、培養勝利的感覺。這種感覺能夠幫助你取得勝利，只要你覺得自己是好人，理應獲得成就與幸福。我沒有什麼神奇的特異功能，但我能夠預測擁有這種勝利感覺的人肯定會獲勝，因為他充滿成功的信心。愛默生說過：「相信自己就是成功的第一秘訣。」當這種自信演變成勝利時，你將會獲取無窮的力量。

要認真地做好每一件事情，對自己在現實世界中表現的這種感覺，已經清晰地顯示出了日後的成功。

五、良好的習慣。有一位偉大的哲人曾經說過：「經常採取一種特殊的行動方式，會養成特殊的個性。」你是由眾多的習慣撐起來的，如果這些習慣是積極的，那你肯定會成功。如果這些習慣是有害的，你就沒有成功的機會。義大利著名詩人歐維德深信：「習慣會改變人的個性。」

許多人認為習慣是改變不了的，這種說法並不正確。你可以摒棄壞習慣，養成好習慣，只要你盡力去改變。請把以前的內容重讀一遍，仔細分析這個重要問題，並且學會懷疑似乎已經成為你一部分但對你沒有任何好處的習慣。

六、幸福的目標。每個人都有不同的目標，某些是基本的小目標。你的目標可能是這樣的：做一名好老師；也可能擁有這樣的小目標：如果抽出幾小時的空閒時間，收拾一下房間。就個人而言，每個人的基本目標都不相同。某些人將其一生浪費在擔憂恐懼、怨天尤人或煩躁不安上。為何不把追求幸福當作目標？回想一下能夠令你幸福快樂的那些感覺：成功的技巧、幸福、友誼、你對自己的看法、物質上的成就；然後努力使這些感覺獲得實現，更不能忘記：

一定要認為你有獲得幸福的權利，不然的話無論你是否意識到，你將為自己的成功製造阻礙。不要放棄屬於你自己的權利，它是你天生應得的資產，不要把它徹底地拋棄。

每個人都有不同的方法去取得幸福。羅馬大演說家西塞洛認為：「幸福的生活應該包含心靈上的平靜。」羅馬的學者寫道：「毋庸置疑，幸福的人就是那些從生活經驗中學會承受生活壓力，而不被生活壓力所擊垮的人。」走屬於你自己的幸福之路，不要放棄自我。

七、解下面罩。當你在高速公路上以九十公里的時速開車，你有沒有戴著眼罩？當然沒有。但你或許是戴著面罩生活，來掩飾你真實的面目。另外這種面罩還是一種眼罩，因為你在躲避別人時，也隱瞞了你自己，自欺欺人使你無法發現你的潛力。這種隱瞞沒有必要，這顯示你認為自己是一個討厭的傢伙、一個弱者、一個怪物或者什麼都不是。你對自己的看法是錯誤的。當你學會以友善的眼光來看待你自己時，你可以解下面罩。

八、同情心。這是人區別動物的一種美德——人類應該有同情心。當你時時刻刻都為別人著想時，他們肯定會對你充滿感激之情，以報答你的關懷，但你真正的快樂在於你對別人以及對你自己所感受到的那種溫馨。

九、接受你的弱點。如果你購買了一把菜刀，但卻沒有刀柄，你有何感覺？感覺肯定是沒有安全感。人也是一樣。你可能非常堅強、健康、成功，但生活中沒有保障，有時候可能會漏洞百出。你堅強的自我心像將會支持你，由於你遭遇了很多問題，因此最後會覺得萬分疲倦。現在的問題是，你願不願意以一種合乎人性的方式來接受你暫時的弱點，或因此而責備自己，認為自己是一個失敗者？這是一個非常重要的問題。如果你在懦弱的時候拒絕自己，那你將會沒有立足之地，你將永遠不會感到安全。你的力量並不真實。你只是自己的「酒肉朋友」，你的自我心像非常薄弱。只有在你接受自己的弱點之後，你的潛在的力量才可以被你發掘。

十、容忍自己的錯。「任何成就都是建立在錯誤之上的。」這是馬吉主教所說的話，有一定的道理。如果你想獲得幸福快樂，一定要排斥心中的完美主義，因為這種要求將警告你永遠不可犯錯。你如果以這種態度去生活，你只能躲在自己的小天地中逃避現實，最終窩囊一輩子。如果棒球全壘打王貝比魯斯每一遇到挫敗，就要責備自己，那他早就不是棒球選手了。

不要用批評來破壞自己，偶爾犯錯時要能夠坦然面對。一旦你學會了容忍自己所犯的錯誤，你的勝利就在面前。

十一、保持你的真面目。有人曾經說過：「所有的美好事物都是創造力的果實。」當你覺得你不能獨立生活時，一定要記住上面的這句話。只有你在保持你的真面目時，你的生活才可以變得美好。

你要有自己的個性，不要在乎別人對你的評價，你不妨給你自己讚許的微笑。加強你的自我心像，你會逐漸呈現你的個性。不要理會那些想要逼你向他們意志屈服的人。你要知道，他們逼迫你，主要是因為他們心虛，只有在你按照屬於你、適合你自己的方式去生活時，才算是真正的成功。

十二、永遠不要退休。時間是這麼計算的：世紀、年、月、周、日、時、分、秒。許多人認為這些統計方法能夠告訴我們「年輕或年老」，但事實不是這樣的。如果你的生活充滿活力，那就是年輕人——即使你已經一百歲；如果生活令你感到無所事事，你已經老了——就算你十八歲都還不到。

你接近六十五歲時——這是公認的退休年齡——那你可能被迫從工作崗位上退下來。不管你是否真的退休，都要繼續過著一種對社會有用，而又令你充滿活力的生活。在退休前多培養一些愛好——無論你有沒有孩子——以防你萬一被迫退休。

不要鬆懈自我，因為這些對你沒有好處，而且只會讓你更加消極。

以上就是你的「每日十二法則」。你要對它們堅信不疑，它們將幫你過更好的生活。事情出現意外時，請讀讀本章。反覆地閱讀，這樣有利於你的自我心像。只要你從不同的角度來看這個世界，這個世界將變得更美好，你也將充滿自信。

自制的強大力量

一個年輕人或許能在缺乏教育和健康的條件下獲得成功，但是他無法在沒有自制能力的情況下成功——那種與眾不同的自制能力，能讓他度過艱難的歲月和困苦的境地而衝到最前面。

自制是人們內心儲蓄力量的絕佳方式，能夠自制的人，就能夠影響別人。自制不但使人充滿自信，還會贏得別人的信任。對商人而言，自制能夠產生信用。銀行當然願意相信那些能夠控制自己的年輕人，因為自制能力強的年輕人更值得信任。商人們相信，一個無法控制自己的年輕人既不能處理好自己的事務，也不能處理好別人的事務。一個年輕人或許能在缺乏教育和健康的條件下獲得成功，但是他無法在沒有自制能力的情況下成功——那種與眾不同的自制能力，能讓他度過艱難的歲月和困苦的境地而衝到最前面。

希臘著名歷史家普盧塔克在說到伯利克里時說：「他的性格那麼冷靜，處於權力和職位的頂峰時生活竟能如此純潔和毫無瑕疵，根據我們對神聖的『奧林匹克山神』的理解，他簡直就是『奧林匹克山神』……當伯利克里走上講壇去演講的時候，他向神祈禱，希望不會在無意中說錯話。曾經有個人整個下午都緊跟在伯利克里的後面，不厭其煩地辱罵他。到了晚上，還形影不離跟著他回家，在門口罵他。但是伯利克里卻吩咐他的僕人，讓他提著一盞明亮的燈，照著這個辱罵他的人回家。」

戰爭中的「費邊主義」是一個非常有名的詞語，這個詞的來源跟費邊•馬克西穆斯有關，他是偉大的漢尼伯的敵人。「費邊主義」意指一種「精巧的以靜制動」，它在關鍵時刻拯救了羅馬。這位偉大的將軍不是一個膽小鬼，當他作為大使被派到迦太基時，在一次形勢不利於他的會議之後，他站起來對那些迦太基的貴族們說：「現在我們給你們帶來的可能是和平也可能是戰爭。至於選擇哪一個，悉聽遵便。」結果，那些人對他說，他可以決定選任何一種方式。他憤怒地大叫：「那麼，我就選擇戰爭。」

漢尼伯這位迦太基的領袖，很快就征服了西班牙，翻過了阿爾卑斯山，長驅直入，侵略意大利，又在斯瑞門湖一帶擊敗了羅馬軍隊。於是，所有的人都奚落費邊無能。但這正是需要自制的時刻，費邊馬上決定採取「拖延」策略，不輕易出戰，這個策略給他帶來了「拖延者」惡名。當時，義大利最富有的南部地區因為戰爭而變得荒蕪，但是他不會被挑釁激怒而魯莽行動。隨後，他又透過一系列技巧性的轉移，前進或者撤退，與敵人周旋，這使他的對手非常憤怒，因為他們根本無法把費邊的軍隊吸引到易於攻擊的戰場上來，而費邊卻從漢尼伯軍隊可能的錯誤和疏忽中尋找著每個機會。

費邊領著軍隊在山間移動，而在山裡漢尼伯的戰馬寸步難行，起不了什麼作用。緊接著，費邊切斷了敵人的供給，除了正面交鋒以外，他採用一切有利的手段來不停地騷擾對手。他不改初衷地執行著自己的計畫，沒有考慮他的小心謹慎在羅馬會造成什麼樣的誤解，這充分展現了他與眾不同的自制能力。羅馬的誤解紛遝而至，有人甚至懷疑他，是否藉此來故意延長自己司令官的任期。在當時，漢尼伯是義大利極少數瞭解費邊的人。費邊的用兵之道對習慣於進攻的羅馬人來說是完全陌生的，因此費邊的軍事策略令羅馬人極度不滿。有一次，米魯斯帶領羅馬軍隊取得一個小小的勝利，於是費邊就分一半的軍隊給他。由於米魯斯的輕敵，結果差點被全部消滅，最後還是費邊趕去援救了他。六個月的時間過去了，費邊的任期到了，他卸任時千叮萬囑新的司令官不要主動進攻。但人們沒有聽從費邊的警告，結果造成了凱撒一役戰敗的慘烈局面，羅馬軍隊被打得一敗塗地，八十名元老院的議員被殺死，羅馬士兵死傷無數，元氣大傷，軍心動搖。費邊的自制策略被實踐證明是非常正確的，但是他沒有嘲笑自己的競爭者。此後，費邊又恢復了原來的職位，跟隨米魯斯一起指揮羅馬大軍，他們二人被稱為『共和國的盾和劍』。正是費邊政策，拯救了偉大的羅馬。

很多名人寫下了無數文字來勸戒人們應該學會自我克制。詹姆士．博爾頓說：「一句不經意的話語就會點燃一個家庭、一家鄰居或一個國家的怒火，這樣的事情時常發生。很多的訴訟和戰爭都是由於言語而引起的。」喬治．艾略特則說：「婦女們如果能忍著那些對她們沒有任何用處的話不說，她們半數的悲傷都能夠避免。」

赫胥黎曾經寫下過這樣的話：「我們的社會需要這樣的人，他們年輕的時候接受過很好的訓練，他們擁有堅定的毅力，應意志力的要求，他的身體非常願意竭盡全力去做任何事情。他非常聰慧，邏輯清晰，他身體所有的機能和力量，根據其精神的命令準備隨時接受任何工作。」

里奇特爾說過一句話：「如果人們僅僅是面對重大過失的誘惑，他們或許會過得很好；但是，每天都要與細微的過失作戰，卻往往使人們一敗塗地。」至今，里奇特爾的告誡仍然廣泛地影響人們。

優雅的素養是藝術美

莎士比亞曾經有一句名言：「上帝給了你一張面孔，你自己卻另造了一張。」我們的心靈能夠隨意地製造美麗或醜陋。

假如我們希望自己的外表更美，我們首先要做的就是美化自己的心靈，因為我們內心所思所想都會清晰而微妙地反映在我們的臉上，影響它的醜陋或美麗。內心的不和諧將歪曲世上最美的容顏，使其醜陋難堪。

莎士比亞曾經有一句名言：「上帝給了你一張面孔，你自己卻另造了一張。」我們的心靈能夠隨意地製造美麗或醜陋。

對最高形式的美來說，隨和的、親切的性情無疑是最不可缺的，它可以使最平凡的面孔煥發光彩。相反地，暴戾的性情、惡劣的脾氣和嫉妒心理，會扭曲世界上最美麗的容顏，使得它醜陋無比。畢竟，沒有任何東西能夠與優雅高貴的個性產生的美相媲美。不管是化妝、按摩、還是藥品，都沒法改變和遮掩由錯誤的思維習慣所引起的偏見、自私、嫉妒、焦慮以及精神上的猶豫不決反映在臉上的痕跡。

心靈是美的泉源。假如所有的人都能夠培養一種優雅寬宏的精神狀態，他所闡述的思想會很有藝術美，他的體魄同樣是健美的。因為內在的美會使外在的美更加多姿多彩，燦爛奪目。在他身上，的確會煥發出迷人的優雅和魅力，這種精神上的美遠遠要勝過單純的形體美。

我們都曾經看到，即使是容貌非常平凡的女士，由於其迷人的個性魅力，照樣給我們留下與眾不同的美麗印象。經過外表展示的美好的心靈反過來又左右著我們對形體的看法，在我們的眼裡，它好像也變得美麗多姿了。

有人在談到凡妮・肯布林時這樣說：「儘管她身材不怎麼樣，還長著一張通紅的臉，但是她留給我的印象卻是高尚品性的完美化身。我從來沒有在別的女性身上看到這樣鮮明的個性。任何一種純粹的外表美在她面前都只能是自慚形穢、自愧弗如。」安托尼・貝利爾說得很正確：「在這個世界上，沒有醜陋的女人，只有不知道如何使自己顯得美麗的女人。」

最崇高的美——那種不僅限於容貌或形式的整齊勻稱的美——實際上是每個人都能夠達到的。即使你的外表普通平凡到了極點，你也完全有可能透過持久地給大腦灌輸美的思想——不是那種庸俗的美的思想，而是心靈上的美、精神上的美——透過培養善良的、樂於助人的、樂施好善的精神，逐漸地得到它。學識的修養、品德的陶冶、感知的觸覺、情操的培育、智慧的增進，以及人格與思想的提升，所有的這一切都能影響一個人的外形與氣質，使之出類拔萃！

正是那種熱情大方的隨時準備幫助別人的心態，以及在任何地方撒播陽光和快樂的美好心願，構成一切的基礎，並且使得我們永遠精神煥發、美麗動人。渴望使自己變得更加美麗並付出相應的努力，生活就會變得異彩紛呈。而且，既然外表只是內在的一種反映，是思維的習慣和通常的心態在身體上的展現，我們的面孔、我們為人處世的態度、我們的任何舉動就必須和我們的精神世界相吻合，並變得更加溫柔和富於魅力。如果你的腦海中時時刻刻擁有美好的思想和善良的願望，無論你到任何一個地方，你都會給人留下優美和諧的印象，誰也不會注意到你的外表是多麼的普通或是你的身體有多麼缺陷。

有一些女孩，因為上帝沒有賦予她們嬌豔的容顏和絕世的姿色，她們就怨天尤人，鬱鬱寡歡，哀歎這不幸的遭遇。事實上，她們是過分誇大了問題的嚴重性。他們根本不像自己所想像的那樣醜陋；如果不是因為她們自身在這個問題上的敏感和憂慮，誰也不會注意到這一點。如果她們可以擺脫這種憂慮和自卑，而以一種更加自然的態度面對生活，她們可以經由不懈的努力使得自己的思維更加敏捷，態度更加得體，談吐更風趣，個性更加完善，這樣就可以彌補外表的缺陷與不足。

我們都仰慕嬌豔美麗的長相和綽約豐盈的身姿，但是我們更仰慕在崇高的心靈映襯之下的面容。我們之所以愛它，是因為它預示著我們能夠成為完美的人，它代表著造物主所追求的最高理想。

讓我們又愛又仰慕的不是最親密的朋友的外表，而是他在我們的內心深處喚起的對友情的追憶和嚮往。最崇高的美事實上並不存在，它是一種理想，一種隱約可見追求，一種表現在某個人身上或具體事物上的美好品性，它給我們帶來了欣慰和喜悅。

每個人都應該竭盡全力地使自己變得更加美麗，更加動人，更加成為完整意義上的人。這種對最高層次的美的追求不是沒有意義。

但是，如果把對美的熱愛僅僅局限於對外表形式的追求，實際上是錯失了它最豐富的內涵。各種形式上的美，包括色彩的美、光與影的美、聲音的美，確實使得我們生活的世界更加豔麗動人。但是，如果你沒有一顆敏感的心靈，如果你的靈魂是骯髒的，你就無法感受這博大精深的美。只有內在的精神，只有易感的心靈，才賦予各種事物美麗的色彩，才使得我們覺得心靈中有什麼要洋溢、要昇華。

我們熱愛那些外在的美，因為我們期盼完美，而對於那些充分展現了人類理想的美的人與物，我們對此抱以深深的敬意。

美好的心靈可以使得最單調乏味的環境變得朝氣蓬勃，充滿詩情畫意，能夠讓最陰暗的角落帶來最燦爛的陽光，並且可以在最惡劣的條件下產生優雅和恬靜。

好好想一想，如果缺少聖潔生活的意識，如果不堅持展現和強調生活本身的詩意，如果不希望生活的和諧，如果沒有一顆美好而偉大的心靈的話，我們肯定一無是處。

假如沒有這些美的締造者，沒有這些美的追尋者，沒有這些在任何一個角落、在任何一種條件下都能挖掘和顯示那些最美好最耀眼的閃光點的人們，我們的生活將變得無比骯髒，無比單調！

在現實生活中，沒有什麼所謂的成就、顯著的特性或精神品格能夠像對美的感知和欣賞一樣給我們帶來這麼多的滿足和愉悅，可以充分增進我們的幸福。由於小時候所受的審美能力訓練，能夠使很多人走上人生的正確道路。對真正的美的熱愛能夠使得孩子們增強免疫能力，不讓自己的天性朝粗野和殘暴的方向發展。同樣地，它能夠使得他們在面對各種誘惑時是非分明，巍然不為所動。

我們的父母經常忽略了孩子身上熱愛美和欣賞美的天性。他們根本沒有意識到，在敏感的童年時代，家庭中的一切布置，甚至包括掛在牆上的圖畫和照片，都能夠影響孩子個性的形成。父母應該抓住所有的機會讓自己的孩子欣賞優美的藝術品，聆聽扣人心弦的音樂；他們應該經常為孩子朗讀或者是讓孩子朗讀精美的詩歌，以及某些優秀作家鼓舞人心的作品，這些作品能夠為孩子灌輸美妙的思想，能夠開闊他們的視野，可以引導他們去感受和領略生活中無處不在的美。我們在小時候所受的影響決定著我們未來的個性，決定著我們能不能具備獨立的思想人格，決定著我們一生的成功和幸福。

事實上，在我們的生命初期，任何人都對美有那種天然的感知，可是這種對美的本能熱愛要有後天的培養作支撐，否則它就會逐漸退化。對於一個生活在貧民窟中的孩子和一個出身於富豪家庭的孩子來說，他們對美的渴望和追求都是同樣強烈的。雅各布・里斯曾經說過：「窮人生理上的饑餓和對食品的渴望沒有他們精神上的饑渴和對美的渴求更為強烈，更難滿足。」

里斯先生經常想盡方法從他在長島的家中給位於紐約桑樹街上的「窮人們」帶去嬌豔的鮮花。「在離開渡口不到半個街區的地方，他們都追了上來，」他說，「緊接著我就發現自己被一群尖聲喊叫著的孩子攔住了，他們喊叫著要求我給他們鮮花。在我分給他們每人一枝花之前，我無法再挪動半步。他們拿到花之後，馬上就離開了。每個人都以極其警惕的眼光保護著自己的花朵，直到找到他們認為安全可靠的地方之後，他們才心滿意足地欣賞著自己的勝利果實。第二次他們就會拖拉著其他的孩子，包括大一點、強壯的孩子或瘦弱幼小的孩子，希望他們也能夠擁有一份。所有的孩子在看到那些來自原野的嬌豔欲滴的花朵時，眼睛會睜得很大，因為他們從未看到過這麼美麗的東西。通常，孩子越是幼小，越是貧困，他們對花的渴望就會越加強烈，於是我手中的鮮花就這樣分發出去了。沒有人能夠拒絕如此童稚的心靈。」

「我由此意識到，自己以前的認識是多麼膚淺，事實上還存在一種比生理上的饑餓更加嚴重的饑渴。每個孩子都熱愛美以及美好的事物。這是神聖的自然天性在他們身上的閃耀。他們對美的熱愛影響他們幼小的心靈。當他們尖叫著要求鮮花的時候，他們實際上是在以這種唯一可能的形式努力地告訴我們，如果我們任由貧民窟以它的骯髒、愚昧、醜陋扼殺孩子們對美的嚮往和追求的話，我們實際上是在扭曲他們的心靈。一個人可以光有魁梧的身軀而沒有健全的靈魂；但是，作為一個公民，作為一個母親，他或她對國家就沒有任何價值，一無是處。他們給這個社會留下的東西只能是貧民窟骯髒污穢的印記。」

「因此，在最近這段日子裡，我們去了貧民窟，給他們修建了房子，教育母親把自己的孩子打扮得更加漂亮；我們把孩子們召集起來送進幼稚園，在學校裡掛上美麗的圖片；我們在原先骯髒污穢的角落修建起了美麗寬敞的學校和公共建築，種植了碧綠的草地和燦爛的鮮花，在那裡，陽光非常明媚，鳥兒是無比歡欣；我們教育孩子們載歌載舞，讓生活變得更美好，這些我們都不能缺少的——我們在努力地除舊迎新，竭盡全力地為未來清掃障礙，因為這種損失是任何社會都無法承受的，就算是美利堅合眾國也不能長久地承受。我們在償還由於漫不經心而欠下的債務，再也沒有比這更值得從事的事業了。」

在紐約的貧民窟中，有許多對美執著追求的貧窮孩子。而對於那些有錢人來說，他們能夠輕而易舉地走進你的畫室並搬走最珍貴的作品，可是你卻永遠無法從他們身上發掘美，發現美。因為他們的審美能力，他們對美的纖細敏銳的感覺，早就在貪得無厭追逐金錢的過程中喪失殆盡了。

我們生活的世界充滿美好的事物，但是絕大多數人還沒有培養起察覺它們的能力。我們無法發現生活中無處不在的美，由於我們的眼睛沒有受過相應的訓練來發覺它，我們的審美能力還不敏銳。我們就像那個站在偉大的藝術家特納旁邊的女士，當她在欣賞藝術家特納最精美的一幅風景畫時，驚訝地喊道：「啊，特納先生，怎麼我在大自然中看不到你在作品中所描繪的風景呢？」

「你一直都沒有看到嗎，夫人？」他回答道。

想一想吧，在對金錢瘋狂、癡迷、貪婪和有違常理的追逐中，我們失去多少珍貴的東西啊！難道你不希望能夠像特納那樣發現大自然中的絕妙風景，或者像羅斯金那樣在恢弘壯麗的日落中領略真正的美嗎？難道你不想把更多的美帶入你的生活，而不是在追逐生活中庸俗的目標時任由你的天性變得粗俗、你的審美能力日益退化、你優雅的本能漸趨萎縮嗎？難道你不渴望過一種安逸和諧的生活，而不是讓你的本能中獸性的一面更加恣意妄為，每天絞盡腦汁算計著怎樣賺取更多的金錢，怎樣從別人中獲得更多的好處嗎？受到美的薰陶、能夠察覺美和欣賞美的人們是幸運的；他們擁有一種任何外力都剝奪不了的財富。然而，這種財富事實上能夠為任何人擁有，只要他們在年輕時代就著力培養有助於自己成為一個睿智的人的優良品格。

聖潔生活的精神標準

青年男女們，保持你們的心靈純潔吧！保持那分純真吧！至死都不要放棄；假如你喪失了它，你就喪失了上天給你的最珍貴的禮物。

傑勒米・泰勒對純潔的精神生活和道德生活有一段精闢的見解，他說：「貞潔的身體裡蘊涵著的純潔思想可以帶來睿智和謹小慎微，帶來冷靜的思考和創新性行為，帶來自然優雅的舉止和美好的儀態，帶來真摯的生活原則和沒有偏見的對事物的理解，帶來對別人的關愛及自尊、平和和自信的心態，帶來神聖的祈禱和精神的舒適。這種精神上的快樂要遠遠超過那不良的行為所帶來的非常短暫的快樂。」

有一次，一個傳教士講授上帝怎樣判斷純潔，講到男人對於女人的純潔有一系列嚴格的要求，對於他們自己另有一些不是很嚴格的要求。他談到：「在中國，妻子失貞的過錯，要接受那種慘無人道的懲罰，但在丈夫方面，這樣的事情卻無關緊要，完全不被當成一回事。」幾分鐘後，人群中一位很體面的男子從座位上站起來，走向傳教士，說：「牧師先生，今天你在這裡講授的內容我永遠都不會忘記。你讓我明白了上帝對純潔的要求，不管是對男子還是女子都是一視同仁的，以前我從來都沒有這樣想過。我將記住你的話，太感激你了。」

行為的純潔與否表現在很多方面，如果因為性別不同而標準不同，將會因此而動搖純真的基礎。男子可以胡作非為，肆意放縱自己的行為，連懲罰都不實施，甚至不將這想法加以考慮，但女子一旦犯錯卻要一輩子背負這樣的污點，這是完全不公平的，也是沒有道理的。為了保證整個社會的純潔，男子應該和女子一樣保持純潔。彼此都應該對不貞、骯髒的行為進行譴責。因為只要一有了這樣的污點，一輩子都擺脫不了負面的影響，總會多多少少地影響到以後生活的各方面。

在賴索托人的字典裡，「幸福」和「純潔」是同義詞。

在用英語寫作的作家中，最令人擔心的就是那種作家，他們工於心計用拐彎抹角的語言或帶有很強偽裝的方式，來向我們輸送不純潔的資訊，這種人是最危險的。如果某位作家僅僅是表現出不算過分的粗鄙庸俗，這種粗鄙和庸俗本身就是毒劑。這好比一個對我們進行公開攻擊的敵人，雖然氣勢洶洶，但卻給我們進行防禦的機會。但是，深藏在美麗外表下面的不純潔，卻像一個忘恩負義、表裡不一的朋友，他和我們一起到花園裡散步，在我們沒有提防的情況下用那些麻醉我們感官的毒花的香味置我們於死地。

在法語小說中，也有對上述英文的惡劣之作。在法國，這類小說為世人所唾棄，因為在那裡聚集了所有骯髒的情感、欲望和野獸一樣的本能。有個法國人發出這樣的控訴：「只要是撒旦的崇拜者都能夠到法國去，從死海裡帶回一滴惡毒之水為我們的孩子作洗禮，從非洲帶回毒蛇放到我們的草原裡，從亞洲帶回獅子放到我們的森林裡，從印度帶回猛蛇和毒蠍放到我們的花園裡，但這還不是最可怕的，我們有能力完全消滅它們。然而，那些卑鄙的隱藏在法語中的思想呢？誰能消滅它們呢？難道我們可以用劍對付心靈上的惡疾嗎？可以用刀來對付思想上的毒素嗎？」

「保持你自己的純潔吧！」每個人都應該這樣。

費城的一位市長說，如果他有能力禁止在各種劇院的廣告欄裡張貼色情電影的宣傳畫，並且禁止出版所有內容低級下流的讀物的話，第二年監獄裡就會少押解很多男性少年犯。

英國政府的一位官員直言不諱：「幾乎所有上法庭被告席的男孩，都受到淫穢讀物的不良影響。」

看看那些狡猾的作者吧——在他們作品中的字裡行間滲透著毒汁，他們披著高雅的服飾，內心卻卑鄙無恥。那些作家又是如此工於心計，在描述赤裸裸的不純潔時又是如此富有技巧，甚至於能不用一個粗鄙的辭彙，他們所用的都是些虛偽的、暗示性的語言——這種卑鄙無恥的寫作，竟然被有些人稱為文雅精緻！而那些消滅罪惡的文字，那些用平實真切的文字去揭露無恥下流、冠冕堂皇的罪惡的文章，那些直截了當地去表白一個人真正想說的話的文章——卻被稱為是所謂的粗鄙！

那些包庇罪惡、企圖用美麗去掩飾骯髒的作者，那些對純潔認識得不夠徹底的人，他們都是離開了正途，陷入罪惡的深淵而無法自拔。當然，比起那些在思想深處孕育罪惡的人，這些為罪惡煽風點火的人其罪過要稍微輕一點。

青年男女們，保持你們的心靈純潔吧！保持那份純真吧！至死都不要放棄；假如你喪失了它，你就喪失了上天給你的最珍貴的禮物。第一個純潔的思想，第一種純潔的感覺，一旦扎根，就會有蓬勃的生機；假如喪失了，也就永不能再找回。

當然，如果光亮熄滅了，火星重新可以點燃它；可是如果花兒被摧殘了，又有哪個工匠能夠使它重新芳香四溢呢？

第四篇

走向積極的人生

用積極驅走煩惱和憂愁

一個人養成從積極的方面看待事物的習慣，往往可以改變自己的整個生活，其中思維與心境的變化有時是不可思議的，甚至可以使人完全用另一種眼光去看待生活。

愛蒂思・沃伊特小姐在普茲茅斯女子學院求學的時候，被她的同學們稱為「一個朝氣蓬勃，充滿幹勁的女孩」。同學中，如果誰心情不好，或者因為想家而陷於情緒低潮，或者在學業上遇到困難而煩躁不安，總是會想到她，希望從她那裡得到一些安慰和鼓勵，以求增加自信。愛蒂思小姐也從來沒有讓同學們失望，不斷給她們鼓勵和幫助，為她們排憂解難。她愉悅的心境和精神飽滿的狀態，就像溫暖的陽光普照著每個人，她得到她的同學的愛戴和尊敬。

如果一直保持飽滿的熱情和積極向上的精神，我們就用更開放的理念去對待生活，在工作中也會有更多的機會，在嘗試其他職業時也不會感到有多麼大的困難；而且，從事的新職業往往會讓你有更大收穫。從某種意義上說，如三月陽光般溫暖的性格，能夠使自己更振奮、更積極，會使你充分釋放出身體裡蘊含的能量，發掘自己無比巨大的潛能。同時，我們也會更加敢於直言，而且總能切中要害。因此，飽滿的精神狀態能夠讓人身體健康，生活快樂。有人把它比做是不花錢的保健醫生，這很有道理。

人的一生，謀生的才能固然重要，這是立身之本，但開朗的心境也不可缺少。盡量追求生活樂趣的多樣性是十分有益的習慣，這樣能使我們的生活更加豐富多彩。在學校讀書的過程中，提高數學和語文水準也很重要，但培養自己微笑著面對生活的心態，也同等重要。我們應該努力發展這個方面的天性，時刻使自己保持心情愉悅、鬥志昂揚的心理狀態。時刻不忘激勵自己，不斷地鼓舞自己，這是慰藉心靈的良藥，也是讓心靈更健康的滋補劑；這樣還能夠提高我們的生活品質，使自己在應付工作與生活時顯得得心應手。

一個人養成從積極的方面看待事物的習慣，往往可以改變自己的整個生活，其中思維與心境的變化有時是不可思議的，甚至可以使人完全用另一種眼光去看待生活。但是，培養這種思維習慣的過程是一個繁褥複雜的過程，它是一個自然的發展過程。美國著名牧師比徹和菲利浦斯・布魯克斯的思想演講過程，就是一個典型的例子。

年輕人讚美生活的美好，快活地享受生活的樂趣，即使是生活本身，也會使他們感到無比快樂，這實屬正常。壓制、束縛年輕人這種追求歡笑的天性，是一種不折不扣的犯罪行為。如果一個小孩的臉上，無時不洋溢著傷心的表情，那是誰也不能忍受的。天意不可違，生活自有其內在的規律。假如一個年輕人的臉上只是寫著焦慮、擔心，肯定是什麼地方出了問題。

泰勒神父在跟朋友巴特洛博士分別時，對他說：「盡情地笑吧，但願我回來時仍能看見你的笑臉。」但是，許多人在生活中忽視了笑的力量，失去笑的能力。他們整天渾渾噩噩，心情十分糟糕。對於他們來說，幽默感是無知、淺薄的表現，與艱難、憂傷的生活格格不入。他們會說，生活是十分嚴肅的，需要認真對待。這些人感到了人世間生活的艱難，卻被他們那所謂的生活壓力壓垮了，他們根本無法理解——為什麼有的人能夠以一種輕鬆、簡單的心態來看待生活，「浪費」自己的部分時間去「尋歡作樂」。他們的臉上往往表現出忿忿不平，彷彿全人類的幸福只是維繫於他們的身上一樣。

有快樂天性的人不但是最幸福的，並且還是最長壽的，對社會的貢獻也是最大的，這些人還是最成功的群體。他們的幽默感，鍥而不捨的品格，追求生活樂趣的本性，也許微不足道，也許算不上什麼偉大的個性特徵。但正是因為這些東西，使得他們的生活變得異彩紛呈。否則，生活就會枯燥單調，弄得人疲憊不堪。這種不引人注意的品格，彷彿是機器上的潤滑油一樣，能夠減小摩擦，讓機器運轉得更有效，更長久。

莉迪亞・瑪麗亞說過這麼一句話：「我總是竭盡全力從積極方面思考問題。我把彩色吊燈掛在窗前時，房間裡就像布滿了彩虹。」這是一種正確的生活理念和人生哲學，就像前面提到的那樣是豐富心靈的良藥，增強體質的滋補劑。

如果能以平和的心態看待生活中積極的一面，以愉悅的心情享受生活的樂趣，這裡面的價值不可估量。睿智的人願做擁有這種財富的百萬富翁，而不願只是只擁有金錢的土財主。

無論你從事什麼樣的工作，盡力從中體會樂趣吧！像其他才能一樣，熱愛生活、心態積極也同樣是可以逐漸培養的。在日常生活中，你可能不具備高深的學識，但是如果不具備這種心境，可以肯定地說，你一定不是一個幸福的人。財富是可以不斷累積的，這種快樂的財富也不例外。不管你的生活多麼貧困，遭遇的處境多麼惡劣，如果能夠以開朗、積極的心態應對，就一定能夠使生活擺脫枯燥乏味，壓力就會減輕或消失，沉悶陰鬱的心情也會活潑起來。在工作中，如果臉上能夠保持微笑。如果是一臉機械的表情，不但使自己覺得壓抑煩躁，使自己感到生活的無趣，而別人也會受你的影響，導致心情不佳。爽朗的笑聲或放聲大笑，可以排解生活中的焦慮、憂鬱，減輕現代快節奏生活帶來的壓力。要說生活中有哪種人最惹人煩，他肯定是一個痛苦不堪的人，既沒有幽默感，也欣賞不了別人的幽默。這樣的話，恐怕千金也很難買到他的一笑了。

快樂活潑的心境總是比刻板沉悶的要好，它能夠使我們超然於現實的複雜環境之外。不管身陷何種處境，這種心態也會使我們超脫。

曾經有人對一位上了年紀的老人說：「哦，你已經七十歲了，已經是到了垂暮之年。」這位老人卻答道：「不，我的身體和心態都很好，感覺還很年輕。」

在康乃狄克州的一家小商店裡，有幾個在談論自己情願在什麼狀態下死去。大家討論了很久，人們要求薩克說說看。他說：「在人生的路途上，我會選擇與人開開玩笑，以幽默輕鬆的心態走完一生。在臨死時能縱聲大笑。」有人曾問一家日報的資深編輯，他為什麼討厭聘用五十歲以上的員工，他這樣說：「原因不是因為這些人不能勝任工作，而是他們對自己的年齡太忌諱了。」

在德國歷史上，曾經頒布一個不允許說笑話的法令。國王說：「縱樂會使國民忘記戰爭。」如果今天還有這樣的法律，不准人們發出笑聲，滿大街看見的就不會是興高采烈的笑臉，而是表情憂鬱的苦臉。如果是這樣，這會是一個什麼樣的世界呢？假設我們走進一個貧民窟吧！看到的是孩子們一張張哭泣、傷心的小臉，這些令人心痛的小臉蛋上，本應該是洋溢著勃勃生機和天真純潔的笑容的啊！他們的生活好像沒有歡樂可言。如果這個世界到外都是這樣的場景，世界末日就快要到了。

如果你細心看一下商人的臉，就一定會對他們那嚴肅的面容有深刻的印象。即使是在餐桌上，他們也沒有忘記思考工作中的問題，不忘生活中讓人煩惱的一面。他們經常拉長著臉用餐。他們時時刻刻都在思考，在憂慮，在計畫著什麼。不難想像這是萬能的金錢「惹的禍」，壓迫著他們無法笑出聲來。

但是，這些悲觀主義者無形中會對一些新業務視而不見，也會失去買賣的機會；另一方面，樂觀的人則能把握這些機會。因為，樂觀的情緒有無與倫比的推動力，為自己的事業發展提供幫助。

一個充滿希望的人看見的是成功的一面，心灰氣餒的人看見的是失敗的一面；積極向上的人總能感受到陽光的溫度，失望的人看到的只是黑暗和暴風雨。

如果孩子在成長過程中，一直這樣教導孩子：生活本來就是快樂的，不管在什麼條件下，都要樂觀地面對一切，人類社會的狀況很快就會因此而發生根本的改變。

許多人從來就沒有想著去縱聲大笑，就是淺笑也難以看到。如果他們的孩子稍一發出喧鬧的聲音，他們就會禁止，更別說盡情地嬉戲玩鬧了。孩子們天真純潔的心靈在這樣的氣氛裡長期受到壓抑，進而使他們都失去縱情大笑的能力，這對孩子的將來沒有絲毫好處！

詹森博士說：「人們應該專門騰出一點時間去笑一笑。」喜劇和娛樂節目在這個方面可以有彌補的作用。在觀看這類娛樂節目時，人們至少可以暫時忘卻生活中那些令人心情不悅的瑣事，在笑聲中感受生活的樂趣。

能夠與一位渾身洋溢著朝氣、積極向上的人相處，是一件多麼愜意的事情啊！在繁忙的生活和來來往往的人群中，我們總是能發現他們。他們很受歡迎。性情寧靜安詳的人，在這個世界上是無價之寶，在人們遭遇不幸的時候，他總能給以慰藉，促人奮進。當這樣的人與我們在一起時，我們就像增添了活力和動力一樣。於是，我們陷入困境時，會情不自禁想到他們。他們散發出來的活力以及他們那鼓勵的話語，可以撫慰我們心靈的傷痛。

對於窮困潦倒、一無所有的人來說，成功的機會仍然有很多。也就是說，笑著面對生活，把自己的善良和友好全部奉獻出來，這樣的個性就會幫助我們成功。盡力發現每個人的優點，樂善好施，主動顯示自己的愛心和友好，嚮往、憧憬美好快樂的生活，都是值得我們追求的精神財富。燦爛的笑臉和友好的性情，不管在任何地方都會受到歡迎，這樣的人離成功也就不會太遠。

陽光是世界上最不能缺少的東西之一。精神振奮、樂善好施是一個最可珍貴的財富，它不但能夠使擁有者生活幸福，同時也會惠及到周圍的人。

不管是誰，只要他結識朝氣蓬勃、積極向上的人，或者與他們友好相處，就會有所收穫，而且還受益匪淺。一個活力四射的人擁有的越多，對別人的影響也就越大。正如種子播種在土壤裡一樣，播種得越多，收穫也就越多一樣。

生活上要樂觀積極，煩惱和憂愁就會離你遠去。

語言與修辭的藝術魅力

很多人就是憑藉雄辯的口才、準確的措詞和優雅的談吐，而被看作是大人物的，別人會給他很高的評價。他們也許能力有限，卻能把有限的能力最大限度地發揮出來。

不管在任何場合，如果你能夠表達清晰，用詞簡潔，再加上抑揚頓挫、不緊不慢的語調，就能夠吸引聽眾，打動別人。這是你的秘密武器，能夠在不經意中助你事業成功。如果你語言表達能力很強，再加上周到的禮節，得體的個性表現，在任何場合，你都能夠左右逢源，深受歡迎；不需要別人介紹，就能引起到大人物的注意。因為別人都會認為跟你這樣的人交往是一種享受。

令人費解的是，年輕人大多忽視語言表達能力，必須讓他們重視言語的力量。高超的語言表達能力、迷人的風度、富有感染力的聲音總能使人傾倒。在社交場合中，這樣的社交技巧有無與倫比的優勢。

學生們往往對拉丁文、希臘文、精深的高等數學、深奧的理論感興趣，並且學得很好，但在現實生活中卻很少應用這些知識。對大多數學生來說，對培養與我們的生活關係密切、隨時隨地都需要使用的語言表達能力卻不夠關注，更別說作為一門專業課來認真學習。絕大多數人都把「如何更好地表達」擺在學習的次要地位，從來沒有想到這是一門需要深入研究的學問。

在日常生活中，無論是偶爾才可以派上用場的特殊技巧，還是隨時隨地都需要運用的能力，有哪一個作用能夠和語言能力相比？人們願意耗費一生去學習科學、文學知識和其他各種知識，卻完全忽視了語言能力的訓練和提高，其結果是他們顯得十分迂腐。在自己的專業領域有很高的造詣，但在社交場合卻不善言辭，沉默不語，以至於顯得像一個無足輕重的人，還有比這更令人沮喪的嗎？看到那些才能遠遠不如自己的人，在公眾場合卻口若懸河，自己卻靜靜地坐在一旁，只能洗耳恭聽，這樣心理肯定會不平衡的，這裡的原因就在於，他平時注意培養自己的語言表達能力，你卻毫不在意。

因為自己在特定的領域享有一定的聲譽，受到別人的邀請，但是一到現場卻又誠惶誠恐，不敢開口說話，甚至表達能力比不上一個十多歲的小孩，不能做到語言簡練、表達清晰，這是多麼令人難堪的事情啊！如果你有了一個新的發現，寫了一本很有價值的書，發明了一套實用的機械裝置，但是說話時卻語無倫次，尷尬異常，無法讓人聽清自己的聲音，別人根本不知道你在說什麼，這會讓你失去多少本該由你來把握的機會啊！一個非常奇怪卻很常見的現象是：有些人在特定的行業取得極高的成就，但在會議上卻沒有勇氣站起來，把自己的成果介紹給大家。他們控制不了局面，根本沒有能力主持一個會議，也沒有什麼清晰的思想，以至於在公共場合，不敢聽見自己的聲音，一說話就神經緊張、手足無措，一臉的失措與困惑，弄得整個場面很尷尬。

這樣的人在身分與名望的光環下看上去還像個人才，但在社交生活中，連小孩子都不如。他們從來沒有在這個方面運用獨立的思考能力，想著怎樣才可以有效地展現自己。輪到他們自己說話時，就顯得枯燥乏味、單調呆板、毫無生趣，無法吸引聽眾。

如果你沒有很強的自我表達能力，不能做到從容不迫、說話流暢，不管選擇什麼職業都不會有太大的成就。因為表達能力不佳，會讓你一事無成。這個結論可能過於武斷，但還是有一定的道理。

很多人就是憑藉雄辯的口才、準確的措詞和優雅的談吐，而被看作是大人物的，別人會給他很高的評價。他們也許能力有限，卻能把有限的能力最大限度地發揮出來。他們知道怎樣調動自己的情感儲備，將心比心，用充滿感情的話語感動更多的人。

做一個成功人士，擁有一副好口才很重要。第一印象尤為重要，而口才好的人最能給別人留下深刻的第一印象。優雅的談吐能夠吸引別人，更有助於事業的成功。很多人能成為議員或其他高級官員，就是因為善於辭令。憑自己在其他方面的實力，他的地位可能得不到高升，但是出色的口才卻使他們都得到這一切，口才的作用由此可見一斑。

與熟練掌握說話藝術的人交談，受益匪淺。娓娓道來的聲音好比悅耳音樂一樣，鑽進我們的耳朵，打動我們的心靈。或鼓舞人心，或給人安慰。

語言表達能力最能反映一個人各方面的才能，由此能夠看出他的學識、才華、閱歷和修養。不管他治學散漫還是做事拖遝；不管他思維敏捷、條理清楚，還是思想懶散、自甘墮落，都可以從他的話語中看出來。從他說話的內容和方式中，你能夠看出他讀了哪些書，掌握哪些思想；你能夠看出他的擇友之道；你能夠看清他的思想軌跡、生活信念，也能夠知道他的所作所為和生活經驗。可以說，談話中囊括了一個人的一切，不管你過著什麼樣的生活，掌握多少知識，取得多大的成就，都可以從你的話語中得到反映。如果說你的話語就是你的「全景圖」，這很中肯。

渴望成就大業的年輕人，應該掌握談話的技巧，提高駕馭語言的能力。任何場合，做到言語得體、從容不迫、應付自如。能夠讓別人對自己感興趣，本身就是一種很高的能力，值得每個年輕人為此而努力。如果想做出一番成就，就要提高自我表達能力，這會使自己獲益匪淺，可以稱得上是一生的財富。當出現某一個重要職位時，我們常聽人這麼說：「讓懷特先生去吧。他總是清楚自己應該展現自己，總是能夠給人留下良好而深刻的第一印象。讓他代表大家，那再合適不過了。」

談話本身也是一次深刻的自我教育。一個健談者會表現出各方面的素養，從容不迫、思維敏捷、判斷準確、精力集中，都會有所反映。健談者還必須胸襟開闊、慷慨大度，如果心胸狹窄、心態不平衡，這些不良品格就會和優秀品格一樣，在談話中暴露無遺。在交談的時候，他應該有分寸感，不觸及對方的難言之隱，不隨意揭露別人的缺點與不足；應該對聽者表現出強烈的興趣，而不是用語言攻擊對方。善於言辭者應該表現出縝密的邏輯推理能力，環環相扣的分析能力，有自己的獨到見解，而不是鸚鵡學舌，人云亦云。

遺憾的是，很多懷有才華的人在使用語言表達時語無倫次，很吃力、很拙劣地拼湊著單詞，別人根本聽不出一句完整的話。他們也許掌握不少辭彙，但是談吐不清，無法自我表達。他們從未想過或學習過應該怎樣遣詞造句，說起話來詞不達意也就實屬正常。

每個年輕人都要有意識地提高自己的表達能力。在與人交談的時候，用詞簡練、表達準確，表現出應有的風度和魅力，就會處處受到歡迎。

一生的財富

不管你胸懷多大的抱負和理想，首先得掌握駕馭語言的能力，有讓人羨慕的好口才。你或許成為不了律師、醫生或商界精英，但每天都要說話，語言的魅力就能夠得到完全的釋放。在鍛鍊這個方面的能力時，一個重要的途徑就是，花費一些時間和精力研究一下修辭，關注相同意思的不同表達，使自己的用詞更豐富，談吐更優雅。還要不斷增加自己的辭彙量，遇到不認識或把握不了的字，要隨時查閱工具書，注重平時的累積。這本身也是一個自我教育的過程，有益於自己的健康成長。如果你辭彙量少得可憐，思想貧乏、閱歷有限，很難做到口才出眾、談吐得體。

天才出自勤奮

準確的判斷和執著的精神比天賦顯得更為重要。在這個世界上，那些靠天才取得的成績，同樣可以透過勤奮而獲得；而僅靠勤勞取得的成就，單憑「天才」就很難得到。

英國畫家雷諾茲對天才曾經進行這樣的闡釋：「天才除了全神專注於自己的目標，工作非常努力以外，與常人別無兩樣。」羅斯金說：「聽到年輕人對天才羨慕不已、推崇之極時，我常會問他這個問題，『天才勤奮工作嗎？』我關注的是這兩個詞的差別：『應付差事』與『勤奮工作』。」在日常生活中，你會發現，凡是誤解「天才」含義的人，往往都不會把取得成功的秘訣歸結為勤奮工作。

一個十分愚蠢的想法是，勤奮工作與出色的能力是矛盾的，有這樣想法的人還有不少。人們還有一種錯誤的觀點，似乎有超常天賦的人根本就不需要勤奮刻苦的，這種思想也影響了社會上很大一部分人。有些年輕人以為，生來就是天才的人能做出轟轟烈烈的大事，於是，他們更為糟糕地誤以為，只要自己擁有了高智商，成就大業，指日可待。他們認為，天才不需要刻苦學習，或者是一曝十寒，在不經意中，就取得巨大成績；或者是為了生活所迫，偶爾拿起筆橫豎一番，只要生活境況有一點點改變，就又重新花天酒地起來，什麼事情都不做，或者就是那些作息毫無規律，時而到處漂泊，時而在火爐邊異想天開的人。他們甚至認為，天才生來就對規則和體制懷有抵觸情緒，反對束縛，要求「自由自在，我行我素」，對糾纏細節、辛勤勞動不屑一顧。在這些幼稚的人看來，要想取得成功應該是易如反掌。

寫出一篇表現出很高構思技巧的文章，畫了一幅即興而作的圖畫，做了一次臨場發揮的精彩演說，或都是經商過程中偶爾的出色表現，都會受到人們的稱讚和表揚，只要他不再犯什麼大錯，過不了多久，這會在人們的「以訛傳訛」之中，把自己推向頂點。抱有這種思想的人，期望在某一個特殊時刻一夜成名、聞名遐邇；但是他們從來就對勤奮工作不屑一顧，也沒有對工作堅持不懈的信念，更不理解長年累月的辛勤勞作能夠創造出奇蹟。

你是不是認為，莎士比亞取得的不朽成績只是因為他的天賦？認真讀一讀英國詩人瓊森寫下的詩句吧！

雖然，有天賦是成為詩人的必要條件，

這是一本
成功學的絕對經典

但是，天賦不等於一首美麗的詩。
沒有汗水就沒有一句好詩，
即使是繆斯的靈感，
沒有千錘百煉，也難成詩篇。

是的，如果女作家艾略特不長年累月的刻苦閱讀、筆耕不輟，是不能寫出她的成名作《亞當・比德》。德國著名詩人席勒稱自己「勤奮一生但壯志未酬」。義大利偉大的作家但丁在寫作《神曲》時，因為不分白天黑夜地寫作的緣故，自己的健康狀況每況愈下。

英國小說家特羅洛普說：「如果誰只是為錢而寫作，而不是用自己的心靈來寫作，就算他有寫作的天賦，並強迫要求自己每天寫出二千個字，風雨無阻，他也成不了一個傑出的小說家。」在特羅洛普剛剛從事寫作的時候，一個作家的建議使他受益終生，後來，他又把這句話送給了羅伯特・布坎南。**他說：「如果你想成為名垂千古的作家，在坐下來寫作之前，先放一點鞋匠的黏膠在椅子上，有這樣的創作精神才可以希望成功。」**

喬治・拉斯羅浦說過，他熟悉的作家裡，許多人都強迫自己每天寫作十二——十六個小時，恨不得把吃飯睡覺的時間都用來寫作，真正達到廢寢忘食的地步。拉斯羅浦在談到自己的工作時說：「沒有時間概念，不分白天黑夜，連睡覺和吃飯的時間都沒有。這在一些人的眼裡，這樣生活簡直是在自虐。但是，凡是想取得成就的人，就必須這樣做。我熱愛自己的工作，對創作充滿激情。但是，當我寫作了八小時或十個小時之後，大腦和神經高度緊張，非常疲倦。我承認，這樣的工作實在是單調乏味之極。天地作證，我不能說假話。但是，在這些繁重的枯燥的工作中，也有催人奮進、具有補償作用的東西，那是精神得到滿足，自己的才能得到最大限度的發揮。正是因為神情專注，全心投入工作，我才可以有更多的時間來做更有價值的事情，我的精神世界才是充實的。的確，在艱辛的寫作過程中，也有很多的歡樂和愉悅。但如此對此無限誇大，引申為一個作家沒有吃苦耐勞的精神，我認為也是不負責任的。會讓年輕人產生一種誤解，不能實事求是地估量工作中的困難，不知道成功來自於無數次的失敗，任何成功都離不開勤奮刻苦的勞作。」

「偉大的作品來自天才的靈感，」法國道德學家儒貝爾如是說，「但是，只有辛勤的工作才可以把它變成現實。」

一位小有名氣但不怎麼勤奮的年輕畫家指著一幅名畫嚷道：「哦！假如我能夠把心中的夢，畫到畫布上，毫無疑問，它必是一幅絕世之作。」「在畫布上畫出夢想！」他的老師大聲訓誡說，「這需要你用畫筆在畫布上進行艱苦的練習，不然，那只能說明你是在白日做夢。」

德國最偉大的作家歌德說：「許多年輕的畫家在稍有心得，小有名氣之後，就不想再動筆。只有勤學苦練、謙虛請教、不斷進取，才可以成為像拉斐爾那樣的名家。」

另外一位英籍荷蘭著名畫家阿爾瑪·埃德馬說：「沒有付出就沒有回報。如果你想取得成功，就必須不斷地努力工作。」

偉大的物理學家牛頓對成功有他的看法，他說：「如果說我為人類做出了貢獻，這些成績的取得，都離不開我的勤奮工作和耐心思考。」

無論在什麼領域，你都會發現一些傑出的成功人士，他們的名聲、榮譽和地位，都是用長年的辛勤勞動以及自我犧牲換來的。歷經一次次試驗的失敗，遭受了無數次挫折的打擊，體驗過恐懼、悲傷、失望，終於苦盡甘來。那些偉大的詩人、演說家、政治家、歷史學家，以及許多才能出眾的精英份子，都是在艱苦的努力中錘煉出來的。他們比別人更優秀的最直接原因就是，他們比一般人更努力、更勤奮。

天才出勤奮。當然，不是說如果缺乏天賦，或者沒有一定的基礎，僅僅靠勤奮本身就能夠創造出天才。另一方面，這裡強調的不是具備天賦和很高能力的人才可以取得成功，即使一個不是很聰明的人，只要他認真鍛鍊自己的能力，掌握必要的技巧，付出艱辛的勞動，照樣能夠取得成功。

準確的判斷和執著的精神比天賦顯得更為重要。在這個世界上，那些靠天才取得的成績，同樣可以透過勤奮而獲得；而僅靠勤勞取得的成就，單憑「天才」就很難得到。對於年輕人來說，靠耍小聰明、投機取巧，是很難贏得成功的。英國的政治家、歷史學家克拉倫登說：「沒有哪一門科學會艱深、晦澀到那種程度，那就是經過認真鑽研、刻苦學習之後仍無法掌握。」

一位智者說：「一個智商不是很高的人，只要踏踏實實、堅持不懈，也要比出爾反爾、淺嘗輒止的天才人物更值得尊敬與讚揚。」約瑟夫・庫克說：「機智靈活又熱心執著的平凡人，比天才更易出成績，易取得更多的成績。」天賦如果不和敏捷的判斷力、嚴謹的邏輯推理能力、豐富的專業知識以及辛勤的工作聯繫起來，對於個人和社會就毫無意義。有些人的確天賦很高，但對絕大多數人來說卻是勤能補拙、一分耕耘一分收穫。很多天資聰慧但尚欠勤奮的人，只靠想像，期待奇蹟會出現，而不是付出勞動去爭取，最終還是兩手空空，一無所獲。

在學校裡，那些自以為非常聰明的學生，經常譏笑智力不及他們的同學。儘管同學進步很慢，但確實有提升，自己卻聰明反被聰明誤，成績持續下降。若干年以後，他們沒有當年的自負，對自己的生活很失望。這些人被生活拋棄的原因，就是不想付出汗水。他們對勤奮和專注不以為然，諷刺別人的呆板、迂腐，卻想得到顯要的位置、輕鬆的工作和豐厚的報酬。他們鄙視辛勞的汗水，迴避令人頭疼的生活，更不想承擔責任，這些「聰明者」實際上是最大的「失敗者」。

「有一個理念，會遭到虛度年華的人、無知的人和遊手好閒的人的強烈反對，」雷諾茲說，「我卻不厭其煩在重複它。那就是：你千萬不要依靠自己的天賦。如果你確實擁有出眾的才華，勤奮會讓你在工作和事業如虎添翼。如果說你智力平庸，能力一般，勤奮能夠彌補全部的不足。如果目標明確、方法得當，勤奮會讓你得到更多意想不到的成功。沒有勤奮工作，你這一生極有可能碌碌無為。」

只要你願意，你可以崇拜那些英雄，也能夠用敬畏的目光仰望著人們心目中的偶像，欽佩他們取得的豐功偉績。但是，你不能忘記：不是一顆多愁善感的心加上豐富的想像力就可以使你成為托爾斯泰。正是勤奮寫作和鍥而不捨地創作成就了托爾斯泰。他的天才只是表現在自己的作品中。**正如托爾斯泰所說：「人們渴求的不應是天賦，而是堅強的意志。準確一點地說是，人們不應整天只想著獲得成功的助力，而要時刻保持勤奮勞動的毅力。」**

如何建立自信心？

我們不僅記住失敗，還對失敗充滿感情，深烙在心底。我們譴責自己，懷著羞愧與懊惱來自我苛責，這樣的自信就消失得更快。

一個人只能在成功的經驗上建立他的自信。開始從事一件事情時，我們常信心不足，因為我們沒有能夠證明我們可以成功的經驗。無論是學習騎腳踏車，或是公開演說，或學習外科手術都如此。可以這麼說：「成功帶動成功；一次小成功是另一次大成功的墊腳石。」拳擊手的經理為他們選對手會十分注意，要使他們能從中累積成功的經驗。也就是：慢慢地體驗小規模的成功。

此外，記取過去的成功而忘掉失敗也是一項重要技巧。練習可增進打籃球、高爾夫球、推銷貨物的技術與成功，這並不能說明反覆動作本身有很大的價值，如果它有價值，我們學到的，將是錯誤而不是「命中」。一個人初學高爾夫，沒有命中的桿數比命中次數要低，如果純粹的重複是增進技能的不二辦法，練習會使他更精於擊不中，因為他練習最多的次數就是擊不中。然而，他的命中率哪怕只有十分之一，但是經過練習之後，不中的次數會變少，命中的次數會更多，這是因為他腦子裡的電腦記取並加強了他的嘗試，失誤卻被忽略了。

可是，我們大多採取哪種做法呢？我們總是記取失敗、遺忘成功，因此沒有自信。我們不僅記住失敗，還對失敗充滿感情，深烙在心底。我們譴責自己，懷著羞愧與懊惱來自我苛責，這樣的自信就消失得更快。

無論你經歷了多少失敗都沒關係，記住專心於成功的嘗試才是最重要的。美國電機工程師查理士・克德林有一句名言，哪位年輕人想當科學家，必須願意在成功一次之前失敗九十九次，而且自我不會受到傷害。

聖伊莉莎白醫院的主管溫斐德・歐佛哈瑟博士說過，對過去的勇敢時刻的回憶，是恢復自信的最好方法；大多數人的美好的回憶總被一兩次失敗破壞了。他說，如果我們有規則地重溫過去勇敢的時刻，我們會驚奇地發現：我們比想像中更有勇氣。他建議我們生動地追溯往日成功與勇敢的時刻，當作自信的動力。

挑戰消極情緒

困難、威脅、惡毒等想法，使我們內心產生更多的力量，「激動」——只要解釋及運用得當——對我們的事業非常有利。

如果我們以積極進取的態度來對付消極的情緒，它們就會變成一種挑戰，它會使我們內心的力量和能力爆發出來。困難、威脅、惡毒等想法，使我們內心產生更多的力量，「激動」——只要解釋及運用得當——對我們的事業非常有利。

這種想法是將消極的心情用作資產或債務而定。在這個方面，有一個意義深刻的例子，就是杜克大學著名的心理學實驗室主任萊恩博士所做的研究。他說，一般來說，旁觀者的消極暗示，例如不在乎和懷疑的表情，會對正在「猜」某一疊牌順序的受試者產生消極的影響。在其他方式的對受試者的遙測能力時也是一樣。稱讚、鼓勵測試者，能使他得到非常高的分數或是更好的成績。打擊、反對的暗示，幾乎總是使受試者的得分驟然的突降。然而，偶爾也有受試者把這種反對的暗示當作「挑戰」，進而有更好的表現。例如，有個叫做皮爾士的受試者，在這種情形下常比平常猜測的得分多（每二十五張卡片可猜中五張），萊恩博士就決定挑動皮爾士爭取更高分。於是在他每次猜牌之前，都對他說：「他肯定猜不中下一張。」「非常明顯，這次試驗中，皮爾士可以說是被這種暗示刺激，以致得到很高的分數。打賭只是使他更熱衷參加這次測驗的一種簡單方法而已。」萊恩博士說，在這種情況下，使皮爾士猜對了全部二十五張卡片！

有個九歲名叫莉蓮的孩子，在一般的情況下，得分高。為了測驗主試者，使用五毛錢的賭注對她施以輕微「壓力」，她若全猜對，便可得到五毛錢。於是在猜牌時，她的嘴唇一直不停地在蠕動，似乎是在自言自語一樣。結果，她猜中了全部二十五張卡片。當人家問她，她自言自語說些什麼，她才說出她對威脅所採用的積極進取態度，她說：「那時，我一直在暗示我自己能猜中二十五張。」

積極的歡樂

在積極的生活中，最有意義的事情是忍受壓力，擺脫困難、不幸和錯誤的束縛，然後走向成功。

活潑進取的生活，使每個人都充滿快樂。在這個充滿活力的世界裡，有一件非常有意義的事情，就是為每天確定一個目標，然後為實現目標而努力奮鬥。無所事事，自暴自棄地讓時光白白消逝，是最可悲的事情。在你感到疲憊的時候，讓自己到心靈的靜室中鬆弛一下；我相信很多人都有這種需要。這和活潑進取的生活哲學是相輔相成的。

生活中富有創造力的人，會參加各種活動，使日子過得充實，趣味盎然。也會利用空餘時間躲到心靈的靜室裡鬆弛一下。這種人即使在生活中遭受重大的挫折，仍然能夠取得成功。

詩人佛洛斯特在七十五歲生日時，才受到美國國會頒贈的金章，他起初在國內默默無聞。

他的第一本詩集是在英國出版，回國後才獲得了人們的讚揚。

你可能被許多煩惱包圍，但你必須保持屹立不倒的精神。要積極地活著，緊跟著生活的步伐前進，同時保持年輕。

偶爾一次的失敗，也許對你有所幫助。

然後回到生活中——不僅在輕鬆的環境中，也要在艱苦的環境中。

在積極的生活中，最有意義的事情是忍受壓力，擺脫困難、不幸、錯誤的束縛，然後走向成功。

英國諷刺作家史威夫特說：「願你一生中，每個日子都過得充實而有意義。」

恐懼的消極影響

恐懼掩埋了渴望與雄心，毀滅了勇氣和鬥志，使人喪失了積極的進取心。由於恐懼，人們無法成就本來可以實現的偉大業績。誰又能想像這樣結局：由於恐懼，積極和主動性受到抑制，雄心壯志也被扼殺了，而想像也最終變得毫無價值！

我們的人類生活中到處都有各種各樣的敵人。但你知道我們人類最兇狠的敵人是什麼嗎？很多人會說，是戰爭、瘟疫、犯罪、饑荒、貧窮、疾病，或者是死亡。

雖然這些東西都是我們人類的勁敵，但還不是最兇惡的那個。恐懼才是人類最兇狠的敵人，它是造成這些可怕的罪惡的根源，是一種更大的罪惡。

恐懼感充斥著我們的思想時，多麼的可憐！即使對於一個非常自信的人，一個非常有能力的人，一旦他們的心裡充滿恐懼感，也可以使他像懦夫一樣生活在世塵中。對破產、對失敗、對饑餓、對貧窮、對疾病、對災難以及對在某一群體中喪失地位或職位的恐懼，會使他的思想產生各種莫名其妙的感覺，處處都以為身邊的人會對自己不利，並且可以時時感覺到種種因素對自己的不利作用。如果一個人被這種恐懼感包圍，這個可憐的受害者幾乎會變得瘋狂。

這是一件很奇怪的事情，世界本來是人統治的，但是在這個人類的勁敵——恐懼——面前，人竟然變得非常消極，成為沒有任何抵抗力的弱者！更奇怪的是，我們人類竟然沒有清楚地意識到這個問題：恐懼僅僅是我們自己思想的產物——是我們的思想、我們的想像創造恐懼，並且只有我們自己才可以消除這個自身的魔鬼。在我們自己的頭腦和思維之外，恐懼是不復存在的。

在一個人使自己產生恐懼感後，他也完全可以透過控制自己的思想，擺脫恐懼的束縛。只要他想這樣做，就一定能做到。別人無法讓我們從內心裡感到恐懼，他們也許會做一些使我們感到恐懼的事情，但只有我們的思想接受這種恐懼的暗示時，我們才會變成恐懼心理的受害者。所有事物只有滲透到我們的思想中以後，才可能對我們產生作用，影響到我們。這也同樣適用於周圍的環境。任何事物都不能使健康的頭腦裡產生恐懼。除非我們事先在大腦中為它提供一個環境讓它生長，否則，任何事都不能對我們產生絲毫的影響。只有我們敞開大腦的思維，才可以讓它進來。大腦思維是由我們自己控制的，它控制我們接受所喜歡的事物，拋棄我們厭惡的事物。我們可以在精神上排除任何可能帶來恐懼的事物，而只允許接受那些帶來和諧、完美、力量和歡樂的事物。如果恐懼充斥了我們的大腦，就很難消除。許多人的思想都被恐懼控制著，他們的每個行為都會受到它那邪惡影響力的感染或控制。

這些可悲的人不明白，為什麼他們的生活會受到限制；他們沒有意識到，正是恐懼扼制了他的自主性，剝奪了生活的樂趣，縮短了人的壽命。**恐懼感還是效率最大的障礙**。一種有效的生活往往意味一個人擁有很大自由，能夠有一種不受那些阻礙進步的事物的控制。

假如你已經答應三個月之後在一個重要的場合上做一次演講。但你又是一個敏感、害羞的人，而且還有很強烈的恐懼感，你一想到公開演講這件事，就會有一種莫名的、充滿焦慮和存在於潛意識中的恐懼左右著你。然後，你開始計算離舉行演講的星期數、天數和小時數。是的，你正在經歷一個即將受懲罰者的最後幾小時那種精神上的痛苦。而這種害怕和恐懼，從第一天開始就會在你的大腦中不斷地增強，痛苦不斷增加，直到那個演講時刻的前夕。於是你吃不下、睡不著，你甚至不喜歡任何事。你試圖擺脫它，但無論你做什麼，那即將到來的演講場景依然浮現在你腦海裡，你想到很多有可能發生的事情，你確信你不會獲得演講的成功。你想像著，如果你發揮失常的話，你自己、你的朋友和家人可能會蒙受的恥辱。你在自己的大腦中浮現著可能遭受的恥辱與失敗的恐懼，實際上，在你的精神領域，受到的傷害比現實中更嚴重。想像著我們可能遇到的失敗的恥辱和不安時，我們實際上已經受到比這個嚴重千百倍的折磨，我們已經感受到比這更嚴重的痛苦！隨後，事實上，因為我們在自己的思想中充滿我們所恐懼、所害怕的東西，這又使得在我們身上發生隨時都可能發生我們所恐懼的事情。

這是人類的主要敵人——恐懼，引入自己內心後出現的自然的、不可避免的結果。相反地，如果我們具有勇敢的精神，如果我們只想像著成功，在生活中我們會越來越自信。

害怕失敗卻又想獲得成功，這是多麼荒謬啊！這就是好像試圖把兩種不相容的物體合在一起。在努力贏得成功時，在精神上卻時時想著失敗，當著手這件事物時卻努力地在為實現另一件事而工作，這是一種什麼樣的邏輯啊！成功、富裕和繁榮是建立在一種固定的法則之上的，即引力法則。想得到成功、富裕、繁榮，就必須遵守這些法則，這種法則就像是數學上的公理一樣不可改變。**在獲得成功之前，我們應該強烈地渴望獲得成功**。如果我們總想著失敗，我們會不由自主地向它邁進，這就是引力法則在產生作用。

這就是為什麼說恐懼失敗是一個最兇惡的敵人。它將人的熱情和希望之火澆滅，使人們放棄對成功的追求。

恐懼掩埋了渴望與雄心，毀滅了勇氣和鬥志，使人喪失了積極的進取心。由於恐懼，人們無法成就本來可以實現的偉大業績。誰又能想像這樣結局：由於恐懼，積極和主動性受到抑制，雄心壯志也被扼殺了，而高貴的想像也最終變得毫無價值！

無知是產生恐懼的根本原因。因為我們想像不到我們所能達到的神聖高度，所以我們經常感到恐懼；我們只運用了自身力量和潛能的一小部分，我們體內卻潛藏著更大的力量和財富，它們還沒有被發掘出來。

因為我們不明白，這種世界上巨大的能量供給法則是與成功相輔相成的，世界本不該存在像失敗這一類的東西，所以我們會對失敗產生恐懼感。因為我們不知道，健康是上天賦予人的重要實質，所以我們會對疾病產生恐懼感，實際上，健康是永恆存在的，而疾病不過是健康暫時的缺失。

只要我們知道，我們實際上很富足，我們需要的東西我們都能得到，我們就會嘲笑自己因貧窮而產生恐懼感。由於我們只看到了自身資源的一小部分，我們才會對貧窮和失敗產生恐懼。但是，只要我們明白，我們可以達到的偉大境界的可能性和自身體內所具有的潛能，我們將永遠不會感到恐懼，如果我們沒有合理的利用巨大的潛能，也會使我們喪失信心，但一旦我們意識到自己潛藏的巨大能量，可利用的資源，我們就會發現自己擁有無窮的力量。

一個年輕人在剛開始創業時，曾用自己極少的資金和巨大的困難作不懈的鬥爭，如果有一天他得知某家石油公司大力支持他，並且向他進行巨額投資，他對自己緊張的財政狀況的恐懼就會消失。他將不再時時刻刻擔心負債累累的局面會出現，他將非常自信地去見他的債權人。

事實上是，我們都和上天賦予的無限資源聯繫在一起。我們擁有一種強大的力量，這種力量取之不竭，用之不盡；我們使用它越多，就會有越多的力量為我們利用。

如果意識到我們和造物主保持一致性，意識到我們與神聖的原則、生活和真理的一致性，我們將無所畏懼。恐懼只是一種對尚未出現的又不能妥善處理的事情的臆想，除此之外，它什麼都不是。如果我們有能力處理好各種事情，所有的恐懼都會消失。我們將會像那個年輕人一樣，意識到在自己的商業冒險背後，有石油公司的強大實力的支持。

人類生活總是希望越來越好，比現在變得更富有、更偉大、更崇高，即使生活在最高境界也是如此。我們都有想要使自己變好的希望，有更好環境，比現在最快樂的人還要快樂。如果我們沒有實現這個目標，沒有信心實現這個目標，這是我們自己的錯誤，因為恐懼感已經駕馭行動了。

如果我們意識到，在我們體內有一些永遠存在、具有無窮的力量的東西——那時，任何事情我們均不懼怕。這種意識將會消除我們所有的恐懼和懦弱，使我們重新樹立自信，使我們以征服者的姿態跨進成功的大門。

懷疑心理是我們最大的敵人

「懷疑是我們最大的勁敵之一。」這句話非常正確。懷疑使我們容易背叛我們試圖去完成的事業，使我們容易背叛我們將要實現的目標。

我們最大的敵人之一，就是懷疑。懷疑在我們的每個分岔路口都會阻擋我們的去路，甚至我們已經走上了某條路後，他仍左右著我們，使我們猶豫不定。

「這樣對嗎？」

「如果你按照另一種計畫來做，會怎麼樣呢？」

「你真的能夠完成這件工作嗎？」

「如果你真的完成了，結果又會讓人滿意嗎？」

「下次是否會做得更好？」

許多諸如此類的問題不斷地縈繞在我們的耳邊，在引誘我們停下來去傾聽它們的聲音，但只要去傾聽，並且遵循它們的暗示來行動，我們就注定要失敗。

懷疑是我們身上最可恥的叛徒。**莎士比亞說：「我們總是懷疑一種取得成功的嘗試是否可行時，我們已經失去原本應該取得成功的機會。」**

我們可能曾遇到過這樣的事情，我們下決心去完成某一項工作時，只要懷疑悄悄地出現並且開始佔據我們的心靈，我們的雄心就會被削弱，我們的思維就會慢慢地被懷疑所主導，決心就會開始動搖。懷疑經常對我們說：「慢慢來，不要那麼著急，現在不適合這項工作。等待下一個更為合適的機會吧！」於是那些我們下決心要做的事情，那些有自信獲得巨大成功的事情，就永遠不會行動起來。我們開始懷疑並等待，直到我們做這件事的勇氣完全喪失。

很多人，他們總是懷疑自己能否完成已經承擔下來的任務，或者他們總是懷疑是否應該做這個。那些持懷疑態度的人們，就像漂流在海上的一葉小舟，是永遠不會到達目的地的。他們不會向著一個確定的方向前進，他們只是受吹過的微風的影響，隨波逐流。

有些人碌碌無為的生活著，本來他們可能會獲得事業上的成功，但僅僅因為他們的懷疑和恐懼，使他們失去獲取成功的信心，所以他們實際上就失敗了。

要克服懷疑心理的唯一辦法，那就是確立一種新型的思想——樹立這樣一種信念：你充分相信自己能夠完成任何你想完成的事情，並且堅信這項任務值得你付出努力。

想像你正在為一項偉大的榮譽而奮鬥，並堅信你最終將贏得這項榮譽，這樣會讓你對工作充滿興趣和熱情。你的前面有一項偉大的榮譽，這樣一種巨大的激勵對你有莫大的幫助，它會成為你取得成功的強大動力，它能讓你竭盡全力。很多人沒有傾盡全力，只是一般性的嘗試，於是，我們就不能得到我們所想的東西。而如果我們以一種堅定信念來追求我們鎖定的目標，我們是完全可以成功的。

信心是一種強心劑，可以幫助我們取得巨大的成功。懷疑是一種腐化劑，它會阻撓我們的行動。一個人的頭腦中充滿懷疑時，他就不可能付出最大的努力。

許多人儘管在工作著，但是他們仍然抱著懷疑、恐懼和擔憂的態度，這就使人失去遠大的理想，也缺乏強勁的動力。

「懷疑是我們最大的勁敵之一。」這句話非常正確。懷疑使我們容易背叛我們試圖去完成的事業，使我們容易背叛我們將要實現的目標。懷疑更是一個決心和毅力的劊子手，是雄心的敵人，是希望和計畫的終結者。

我們總是抱著懷疑態度，直到它給我們造成極大的傷害。它們之所以變成這樣，主要是由我們自己造成的。懷疑要進入我們的思維時，我們不應該讓它有可乘之機，並且要徹底地驅逐它。懷疑進入我們的思維時，還不是致命的，然而如果一直讓它左右著我們，那就是致命的。

你抱持懷疑的態度時，顯然，任何建設性的、創造性的事情都不會取得成功。你必須清除懷疑這個大敵，然後，你才可以去做值得做的事情。即使是最有力的主動性和創造力，懷疑也往往會把它扼殺。在你對一項工作進行深思熟慮並做出決定後，千萬不要讓消極的思想來影響你的計畫，破壞你的進程。在你開始行動之前，應該制定好周密的計畫，但是你已經做出如何行動的決定後，不要讓任何事情來阻撓。按照這個原則去執行吧！任何偉大的成功，都是拒絕懷疑的。

很少有人會意識到，每個人的身上還有一個更大的形象——一個潛能得到發揮的自我，而不是那個過去、現在現實中的自我。每個人的體內都有巨大的潛能，而這種潛能還沒挖掘。因為我們總是帶著恐懼感和懷疑，我們從來不敢堅定地開始自己的事業，滿懷信心地去挖掘巨大的潛能中的那個巨人。久而久之，懷疑情緒就會扼殺未來的自我。

你猶豫不定的時候，你是否意識到，你已經失去去爭取成功的資格。你正在自己成功的道路上設置障礙，而且你根本無法完成你希望做到的事情，你正在扼殺自己的自信心。

你難道不知道，你所持的每一種懷疑情緒都是你希望的破壞者，是你志向的破壞者嗎？懷疑情緒還掩埋了你的積極進取心。這樣，你的工作會變得越來越艱難，到了最後，你就根本無法達到你的目標。

相信自己取得成功的才能，永遠不要為恐懼或者懷疑心態提供生長的環境，保持積極的、富有創造性的信念，相信你必將獲得成功。用勝利者的姿態去預見你的成功，而不是失敗。肯定自己，而不是消極對待自己。不要總是去尋找自己的過失，不要總是埋怨自己，更不要貶低自己，而要對自己充分肯定。

「確信你是正確的，然後勇敢地前進。」大衛・克羅克說。一個人不要把大多數的精力都花在做決定上。

那些猶豫不決的人，那些總是畏畏縮縮的人，那些永遠不知道自己真實思想的人，那些不能果斷地、堅定的做出最後決定的人，往往因為他們遲遲不能決定去選擇哪一條路，以及他們對事物抱有懷疑的心態，使他們喪失了很多成功的機會。

我們觀察那些在世界上有所成就的人都是迅速的決斷者、堅定的決策者；他們不會把自己的精力浪費在猶豫不決，或總是懷疑自己的決定上。有時這些迅速的決斷可能不是正確的，但是從長遠來看，他們將遙遙領先於那些永遠不確定自己的想法、總是在決策上遲疑不決的人。當這個毫無主見的人正在聆聽一場辯論時，他一開始已經決定擁護那個剛剛演講完的人，並且確信那個人的觀點。但是，當一個持反對意見的演講者提出自己的觀點，並且進行富有煽動性的演說後，這個聽眾立即否定了自己原先的立場。他最後的結論似乎總是在猶豫不定之中。

那些懷疑和猶豫不決的人，那些不能果斷決策的人，在這個世界上是不會有所作為的。懷疑者、舉棋不定者和毫無主見的人，以及那些幾乎總為他們最後的決定感到後悔的人，他們的另一面就是——他們總是認為，到了明天他們將更瞭解將要做的事情，這樣就能做出更完美的決定。但是，這樣的明天是漫漫無期的。於是，他們不斷地推遲做決策，直到所有的機會都被浪費掉為止。

懷疑總是害怕那些膽大的、勇敢的、厚臉皮的東西，而自信更是它們天然的剋星。懷疑只會去攻擊那些膽小的人，因為這些人最容易受到傷害，他們最不相信自己，他們感到虛弱和無力。但是對那些充滿自信的人，懷疑就無計可施，因為它知道自己對他毫無用處。在自信面前，它只好落荒而逃，無影無蹤。它害怕強有力的雄心和堅定的決心。它能傷害的是軟弱的心靈和羞怯的靈魂，這些心靈是最易被侵入的。懷疑每天都會阻撓它們，直到他們徹底妥協。很多年來，懷疑總是如此，它會迫使這些心靈懷疑本已經決定的事情，放棄嘗試，放棄繼續努力。許多人本來可以從那些正在從事的工作獲得成功，但是由於懷疑的破壞，他們失敗了。我們堅定去做某些事情時，懷疑總會閃現，提醒我們要考慮清楚，要小心謹慎，並且還告誡我們：那些比我們更優秀的人已經在這件事情上失敗了。它暗示著，我們太相信自己的能力，我們貿然決定做這件事情是非常錯誤的。它還暗示著，我們必須等待更好的時機到來，等到我們有充足的資金，等到我們做了充分的準備。

懷疑總是喜歡干涉我們的事務，讓我們喪失前進的自信心。它是人類進步的巨大敵人。失敗與懷疑總是並存，他們好像孿生兄弟。如果我們總是懷疑並受它指使的話，它會讓我們喪失勇氣並毫無作為，最終我們就會遇到懷疑的孿生兄弟——失敗。

但是對一個有明確目標、無所畏懼的人來說，懷疑本身是很容易克服的。

如果你與懷疑這個惡魔曾經糾纏過，並且它試圖控制你，千萬不能再庇護它了！你要勇敢地對它說：

「我已經被你糾纏過了，現在是我們決裂的時候。我已經受夠了因受你的擺布而受到的折磨。你已經無數次地失信於我。機會來臨時，我聽了你的話；有一個我等待多年的絕好機會出現在我面前，我正要採取行動時，你拉住了我，對我說：『不要那樣做。這是一件危險的事情，也許有一個更佳的機會，再等等吧！現在還不是採取行動的好時機。你沒有雄厚的資金，你沒有巨大的影響力，你不會成功的。好好等待時機，直到你有了足夠的錢，直到條件準備更成熟。』這就是你經常給我的建議，直到現在，生命都過去了一半，我本來應該可以取得巨大的成功的，但我如今依然是一個平凡的人，實際上我什麼都不是。我本來可以做一些偉大的事業，但是因為聽了你的建議，我什麼也沒幹成。」

「我本來應該成為一個巨人，現在事實上我卻是一個矮子。如果我敢於實踐，並且開始勇敢嘗試那些我自信有能力完成的事業的話，我會成為一個巨人。但是因為我受到你的控制，於是浪費了很多絕好的機會。你已經阻撓了我的進程，扼制了我的雄心。但是現在，即使我的生命已經過半，我仍決心拋棄你，並且決心在我生命的最後時期幹出一番事業來。我已經受夠你了，我不會再聽你的擺布。今天，我們就分開吧！你是一個兇狠的叛徒。你已經出賣過我無數次了，從現在起，我宣布：我要重拾我的信心；從現在起，你就是我的敵人。」

—第五篇—

我注定成功

消除情感創傷的三個原則

如果我們作繭自縛，不是聰明人的行為，因為這樣一來，我們就無法享受到感官的樂趣。

消除情感創傷的第一個原則是：要勇敢地面對威脅。

很多人遭到小小的挫折，就覺得受到嚴重的傷害。在日常生活的每個領域裡，都會碰到這種人。因為他們十分敏感，所以其他的人必須時刻注意，否則一句無心的話或一個無意的舉動，將會導致他們嚴厲的攻擊。

心理學家調查說明，最容易受冒犯的人，也是自尊最脆弱的人。我們認為能威脅到自我或自尊的那些東西，就是對於幻想式情感的傷害，有健全自尊心的人是不會在意的；但是自尊心薄弱的人卻會受到嚴重的傷害。那些使自尊心脆弱的人受到嚴重的傷害的一些事情，卻無法使自重的人受到任何的創傷。對於別人每個平常的細微動作也注意的人，也就是那種自慚形穢、不相信自己不尊重自己的人。對於實際威脅的潛在性危害不能正確估計的人，也就是那種懷疑自己的能力，覺得本身不安全的人，他們感覺得到那些不影響別人的威脅。

我們應該有適合自己的情感堅韌性與自我安全性，以防止對我們的真正或假想的威脅。我們的身體如果作繭自縛，不是聰明人的行為，因為這樣一來，我們就無法享受到感官的樂趣。我們的身體外表有一層皮膚，就是所謂的外皮，它的作用是保護我們防止細菌的入侵、輕微的撞擊、瘀傷與針刺。外皮的厚度與韌性足夠防止小創傷，但卻很難防止感情的傷害。很多人的內心缺少一層外皮，只有一層薄薄敏感的內皮；他們應該有一層自我保護的厚皮，使他們不在乎小創傷與自我的威脅。

此外，他們還需要建立自尊，相信自己的能力，使他們免受外面突來的言論或行為的侵襲。強壯的人對於小小的危害毫不在意，弱小的人則反之；同樣地，有健全強壯的自我，再加上足夠的自尊，都不會受到任何無意的評論或舉動的威脅。

自我價值受到蔑視的批評傷害的人，他的自我肯定很脆弱，自尊心也不強。這種人是「自我中心型」的人，他太在意自我，很難與人相處，也是我們常說的「自我主義者」。孱弱的自我，並不能用擊碎它、剷除它、自制或使它變成「不是自我」等方法將它消除。自尊對於人生的重要性，就相當於食物對身體。若想改正自我中心、過分關心自己、自我主義等，以及伴隨而來的缺點，可以透過培養自尊的方法來發展出健全強壯的自我。一個有自尊的人，所有的小輕視都不能對他構成威脅，這些輕視如過眼雲煙，很快就被拋到腦後了。甚至更深的情緒創傷，也能很快地癒合，而不會有任何潰爛的痛楚來侵蝕生活、破壞幸福。

消除情感創傷的第二個原則是：自立、負責的態度使你很難受到傷害。

如赫蘭博士指出的，少年罪犯「外殼」雖然堅硬無比，可是他們的內心卻脆弱地易受傷害，他們需要依賴別人，需要別人的關心照顧。

推銷員們都有這樣的經驗，對一開始就很挑剔物品的客人，假如你把他的防線攻破了，可以「穩穩」做成這筆交易；又說，臉上似乎有「推銷員禁止入內」標誌的人，向他推銷物品也極易，他們的防衛很薄弱，需要保護。

外殼強硬粗糙的人也一樣，他們知道自己的內心太軟弱，需有一層保護的外皮。

一個人缺乏自立，在情感上需要依賴別人，這往往使他的情感更容易受到侵害。誰都希望，而且需要得到情與愛。但是有創造性的自立的人，卻覺得有付出愛心的必要，給予與接受對他來說一樣重要，別人將愛心用銀盤遞給他，他不需要，他也沒有強烈地渴望「每個人」必須愛他或稱許他，能承受別人的討厭與反對；他對自己的生活有強烈的責任感，相信自己能依自己的希望來採取行動、決定事情、賦予別人，並且追求理想的人，而不是一塊終身消極地吸收所有美好事物的海綿。

一個消極依賴的人總把自己交給環境、運氣和別人；別人天生欠他體貼、感激、愛心與幸福；他對別人的要求很不合理，如果他的要求沒有替他實現，他就感到別人欺騙他、辜負他、傷害他；而生活本來是那樣的，所以他的追求對象完全是不存在的，他等於讓自己去受感情的傷害。有一句話說得好，神經過敏的人在現實生活裡永遠只能「顛簸而行」。

發展更加自立的態度，為自己的生活與情感的需求承擔責任，試著對別人施以情愛、贊同、接受與瞭解，這樣你將發現你會得到同樣的回報。

消除情感創傷的第三個原則：輕鬆的態度避免情感的傷害。

有一次，一位病人問我：「如果疤痕組織的形成是自然自發的事情，整型醫師的手術切口怎麼不會形成疤痕組織？」

答案是這樣的，如果你割破了臉，讓他「自然復原」，一定會留下疤痕組織，因為傷口底下有幾許緊張性存在，它將皮膚的表面拉下去，因此形成一個「缺口」，這個缺口再由疤痕組織填塞起來。但是整型醫師動手術的時候，他不僅用細線縫合皮膚，還將皮膚底下的肉切掉少許，除去緊張性，所以傷口復原得平順，表現一點也沒有歪扭的疤痕。

有趣的是，情感傷口的情況也跟這個大體類似。如果沒緊張性的存在，就不會留下任何變形的情感疤痕。

你大概曾經注意過，當你受困、恐懼、忿怒或沮喪而產生情緒緊張的時候，你的感情最容易受到打擊或損傷。

我們遇到不順遂的事情，容易感到情緒的不舒服、沮喪，或自信動搖。朋友順道來訪，開了一個玩笑，十之八九我們認為好玩而「一笑置之」，或是報以一個善意的微笑。但是今天不行，我們遭受自疑、不安全、憂慮的折磨，對於這個玩笑，我們以另一個角度來「解釋」，所以動氣了、受害了，情感的疤痕也就因此滋長起來。

以上這件簡單的事情，說明了一項原則：我們情感受到損傷，不是由於別人或別人所說的話，或由於別人所沒說的話，而是由於我們自己的態度與自己的反應。

我們感到「憤怒」、「受損」時，這個感覺全然是我們自己的反映問題；事實上，這個感覺正是我們自己的反應。

希臘哲學家第歐根尼說：「一個人不會受到傷害，除非自己傷害自己。」

聖伯納也說：「除了自己以外，我不受人傷害，我隨身攜帶我的傷害；我不是一位受害者，除非由於自己的錯。」

你一樣要對你自己的反應負責。你根本不需反應，只要放輕鬆，傷害就會避你而去。

吉布林・勒斯的成功經驗

他認為，他已經找到有些人為何不能和別人友好相處的原因。但是，當時他最大的困難，就是缺乏演講的經驗，而無法將自己的新觀點發表出來。

著名的吉布林・勒斯是第一個創辦人類關係診所的人，並且還著有《如何得到力量及信心》一書，他在寫了本書之後，告訴我，他是怎樣的利用想像力，配合穩定的心理，而神奇般地獲得成就。

勒斯曾經做過好幾年的推銷員及經理，並取得一些成就；他還作過一些公共關係工作，獲得了人類關係專家的榮銜。他雖然喜歡他的工作，但是卻想進一步擴大自己的工作面。他對人的研究非常感興趣，在經過幾年理論和實際研究之後，他認為他已經找到有些人為何不能和別人友好相處的原因。但是，當時他最大的困難，就是缺乏演講的經驗，而無法將自己的新觀點發表出來。

勒斯說：「有一晚，我躺在床上想我的那個大心願，我僅有的演講經驗，不過是在推銷彙報時，對幾個推銷員講話，以及在服兵役時，充當兼任教官的經驗罷了。每當我想到要面對很多人演講時，我就緊張得話都說不出來。我根本沒有想到我會做好一篇演講的。但話又說回來，我當時能鎮定的對著我的推銷員談話，而且能流利的對一群大兵講話。於是我就躺在床上，重新回憶我對一小群人講話時那種自信和成功的心情。我記起了我那時平靜的心態以及伴隨著那種心情的所有細節。而後，我又假想自己是在對著很多聽眾發表人類關係的演講，同時心裡又想到自己面對小群眾時的自信和泰然自若。我心中想到的是應如何走上演講台，我可以感覺到我心跳的聲音。可以看到聽眾臉上的神情，也可以聽到他們掌聲，我見到自己演講非常的成功。」

「好像是有什麼東西在腦中跳動一樣，我感到非常激動。就在那一瞬間，我相信我會成功。我已把過去的成功及自信的感覺，融合到想像自己未來演講中。對我來說那種成功的感覺是如此的強烈，使我立刻產生一定能成功的感覺。我得到那種被你稱為『穩操勝券的心理』，打從那時起，這種心理就一直伴隨著我。那時，我雖然還不知道自己的將來怎麼樣，而且我的夢想似乎也不太可能實現，但是在短短的四年中，我就實現了自己的夢想——幾乎與我想像和感覺中的完全一樣。由於我當時不出名，加上沒有實踐經驗，沒有一家機構願意請我演講。但這沒有使我退縮，我於是自己請自己，直到現在還是如此。現在，要請我演講的機構，卻多得使我恨不得有分身之術。」

今天，勒斯已經成為權威的人類關係研究學者。他經常一場演說就賺進了幾千美元。美國已有二百多家著名的公司，高薪請他去對員工進行人類關係訓練，並正確的開導員工們。他的鉅著《如何得到力量及自信心》已經成為很多成功者的經典讀物。這一切都是從他想像中的情景，和那種「穩操勝券的心理」得來的。

信心與信念

信心與信念，源自於我們的內心。我們能有信心，也能有信念。但同時我們也可能因為不相信自己而失去信念。我們必須確定人生的目標，要做巨人還是甘於平凡？

在我剛開始演說時，每次走上講台之前，總會被由疑慮產生的緊張和缺乏自信的困擾所束縛。我該怎樣開始？該講些什麼內容？可能會出現什麼錯誤？如何能面對台下的觀眾而持續一個鐘頭？如何結束？但是當演講開始的時候，我仍然走上了講台。因為做了充分的準備，所以我能夠滔滔不絕地繼續下去。我傾盡全力，成功地結束了演講。我深深體會到，那些演員們在上台之前的緊張心情。

我們開創事業時，無論在哪一個領域或從事什麼工作，每個人都會懷疑自己。

信心與信念，源自於我們的內心。我們能有信心，也能有信念。但同時我們也可能因為不相信自己而失去信念。我們必須確定人生的目標，要做巨人還是甘於平凡？信心與信念是我們堅強後盾，可以幫助我們獲得成功。無論我們的環境多麼惡劣，也能夠實現目標，到達理想的境界。

如果我們懷疑自我和缺乏信心獲得成功，那就是自我摧殘，我們絕對無法成就事業。擺脫懷疑和缺乏信心的束縛，以信心和信念為自己成就事業，這是我們在道德上的責任。這兩種美德永遠存在我們的心中，等待著我們去發掘、運用。

英國詩人布萊克曾經寫過一段話：

若對日月心存懷疑，
日月立刻消逝匿跡。

克服殘疾

從某種意義上說，每個人都有一點殘疾。我們或許承受了很多生活上的挫折和精神上的壓力。如果我們進一步聯想，我們心靈的雙腿有時會跛，會因恐懼而不能挪動。

中美洲某國的一座高山頂上，峭壁邊有一幢紅色的房屋，俯視著蔚藍色的海水。靠近峭壁的草地上，有一個四十五歲的男子。經常坐在一張特製的輪椅。開始他不能走路，為了保全性命，他截去了雙腳。

開始，他幾乎因為這種沉重的打擊而失去生活的勇氣。甚至有一段時間，他企圖轉動輪椅，衝下峭壁，結束自己的生命。但這都是一年以前的事情。現在你可以看到，他在清晨拐著假腿，坐上一輛特製的汽車，親自開車到兒童診所。你可以看到，他在診所裡戴著聽筒，坐在輪椅上，精心地治療著每個兒童患者。你可以看到，他在工作時，身體又恢復了活力，臉上露出了笑容。你可以看到，他每天完成工作後，呈現出非常自信的神情。

他知道自己雖然沒有雙腿，但在孩子和父母的心中，他仍然能夠堅強地站立著。他為他們勞累奔波，以他曾經為自己贏得勝利的毅力，來為他們戰勝病魔。

從某種意義上說，每個人都有一點殘疾。我們或許承受了很多生活上的挫折和精神上的壓力。如果我們進一步聯想，我們心靈的雙腿有時會跛，會因恐懼而不能挪動。我們感到痛苦，但是我們必須面對這種殘疾，學習如何擺脫它的束縛。我們要學習怎樣從恐懼、猶疑、憎恨與憤怒的輪椅中出來。只要克服心靈的殘疾，調節生活的壓力，就能夠拋棄輪椅，使我們忘掉心靈的殘疾，而充分地完善自我。

要做到這一點，絕不能存在運氣不佳的觀念。我們必須發揮自己的能力，每天樹立正確的目標，學習這個小兒科醫生的精神。我們幫助別人時，就等於幫助自己。想想看這個醫生每天工作完以後，坐在輪椅上，望著遠處的大海，神情悠閒地吸著菸，他擺脫了絕望的束縛。我們也應該試著擺脫絕望與失敗的羈絆，這就是成功的真諦。維吉爾說過的一句話意義深刻：「我們能夠征服折服於己的人。」

每個人都具有創造力

我們都能夠有所創造，因為我們都具有想像力。我們每時每刻都在情不自禁地使用它。例如，我們煩惱時，就是在以消極的方式運用想像力，創造一些莫須有的苦悶。

很多人堅決相信，人類的創造力主要是先天生成的，每個時代裡，僅有極少數人才有獨到的創造。達文西、莎士比亞、貝多芬、貝爾和愛因斯坦都能充分地運用創造的天賦，並且發揮了超常的想像力。

創造性的心靈，有什麼特點呢？首先，應該選擇方向、確定目標。其次是找出問題，並尋求各種可能的解決方法。然後，選擇最好的解決方法，有計畫地執行。如果問題一時無法解決，或難以擺脫錯誤的束縛，就得暫時把問題放下。

我相信所有的人都具有創造力，我們天生就具有創造性的本能，指引我們邁向成功。以寫字這樣簡單的例子來說，我們掌握正確的持筆姿勢時，就會忘記兒童時期拙劣的樣子，在「心靈錄影機」上，錄上這種正確的姿勢以備日後使用。抽象地說，這就是一種創造性的努力。

我們都能夠有所創造，因為我們都具有想像力。我們每時每刻都在情不自禁地使用它。例如，我們煩惱時，就是在以消極的方式運用想像力，創造一些莫須有的苦悶。我們的腦海中浮現著以後的景象，因為我們害怕失敗。由另一方面來說，我們快樂時，就是在以積極的方式運用想像力。回想曾經取得的成功，即能獲致現在的快樂，進而構思目標的實現。

我們都將經歷失敗和成功，為了運用創造的思考能力，我們必須擺脫往日錯誤的束縛，而樹立成功的自信心，運用於現在的努力奮鬥中。

在以下這些狀況中，我們都能有創造力的思考：

一、我們對問題考慮得十分清楚。

二、我們考慮到所有可能的解決方式。

三、我們接受並執行最好的方式。

四、如果問題一時無法解決，就得暫時擱置一旁。心靈的自動控制系統，會利用曾經累積的成功經驗，自動地替我們做這份工作。

這是一本
成功學的絕對經典

無論是身居要位的官員或是販夫走卒，最偉大的創造性努力，即是培養快樂的習慣。只要每天堅持不懈地培養這種習慣，並以回想曾經成功的快樂感覺，投身於目前的工作上，都能做到。**記住美國著名作家賀巴德的名言：「快樂是一種需要培養的習慣。」**

生命的意義

他只希望獨自和痛苦思想相處，他感覺不到快樂，對身體的衰弱感到沮喪不已，心裡甚至有拋棄生命的念頭。

五十多年前，我在醫學院念書時，一個名叫米基的同學得了嚴重的流行性感冒而差點喪命，流行性感冒在那個時候比現在嚴重得多。

後來病情有所控制，可是他並未完全康復。同學們和我到醫院去看望他，情形很令人難過。英俊的米基本來非常健康，精力充沛，現在面色蒼白，非常瘦弱，一副病得很重的樣子，他的膚色發青，眼神憂鬱。你見到他的時候，會覺得他在嫉妒你的健康。我們見到他的時候感覺很不安，可是我們還是輪流去照顧他。

過了幾天，在他緊閉的房門上掛了一塊「禁止訪客」的牌子。我們很擔心，可是我們知道沒必要掛上這塊牌子，米基的生命並無危險。

是米基要求醫生掛上這塊牌子的；親友們的探視，並不能使他感到愉快。反而，他們的探視使他更為痛苦。後來他告訴我們，那些日子裡的感受：他不想和任何人來往。他對任何事物都覺得看不順眼，他覺得每個人都是可笑而毫無價值的。他告訴我，在他精神的「牢獄」中，他在「鞭笞」每個人，他只希望獨自和痛苦思想相處，他感覺不到快樂，對身體的衰弱感到沮喪不已，心裡甚至有拋棄生命的念頭。

對米基來說，這些日子是憂傷的日子，他的憤恨深得令人無法忍受。

可是他非常幸運！有一位日班護士瞭解他的心情，決心幫助他走出困境。

於是有一天，她對米基說，有個年輕的女病人情緒很低落，要是米基能夠寫一封情書給她，會使她快樂起來的。於是，米基寫了一封信給她，然後兩封……他甚至希望能見到她，然後就開始對她思念不已。他在有一封信裡說，在他們兩個人病都好了之後，希望能夠在公園裡一起玩耍。

寫這些信令米基快樂了起來，健康情形也開始好轉。他寫了很多封信，不久便神采奕奕地在病房裡大聲說話了。一轉眼，便可以出院了。

聽到這個消息，米基沒有很高興，因為他從沒見過這女子。他在信裡訴說著相思之情，使他慢慢的快樂了起來，以致想起她時，臉上就會煥發出愛情的光輝。但是，他從來就沒見到過她——一次都沒有！

米基問護士，他能否到她病房去看望她？護士說可以，並告訴他病房的號碼——四四。可是醫院根本沒有這麼一個病房，也沒有這麼一個女子。

米基明白了真相：護士想盡辦法來使他恢復健康。當她看到米基非常憂鬱，對每個人都抱著怨恨情緒的時候，她覺得如要使他快速恢復健康的話，必須要使他快樂起來。她知道能讓米基快樂的事情，是讓他有機會給另一個同病相憐的病人帶來快樂。她於是虛構了四十四號病房中的女子，就這樣扭轉了使他恢復了快樂。

因此，米基出院後變得更加快樂，他經由這件事明白了怨恨的壞處以及施與的快樂。他告訴我們這個故事，因為我們又重新成為他的朋友。他的眼睛放出快樂的光芒，臉上洋溢著快樂的笑容。因為他知道自己擺脫了自尋煩惱、憂鬱和黑暗的世界，進入快樂和晴朗的世界。

記住英國詩人多恩的話：

絕望是地獄中的烏雲，

快樂是天堂中的彩虹。

克服挫折

我們不知輕鬆是什麼。我們只知道這個字，這就是累。一再煩惱的痛苦製造了挫折的折磨。別人不能替你輕鬆。你必須得自己來做這件事。

遇到挫折怎麼辦？

每個人都曾遭遇到不同的挫折。挫敗應該刺激我們，幫我們渡過難關，而不是向挫折屈服。如果，我們被挫折征服，我們就很難有成功的機會。

在我們用天賦創造力解決問題之時，我們便成了有創造力的藝術家。可是我們有很多人，因煩惱、焦慮和恐懼，使我們失去創造本能。不斷地要求我們的大腦，提出解決問題辦法，而大腦只是我們思想的中心，而非行動的中心。創造性的天賦本能機構發生故障之後，就完全不能為我們所用了。它使我們不能達到目標，在我們的成功路上放了一塊「消極」路牌，造成挫敗。

以下五點都是「挫折」的路牌：

一、我們不僅在做決定之前煩惱，做決定之後依然煩惱，我們總是想著這些多餘的煩惱。

治療之道：在我們下決心以前，表示焦慮。比如說，有幾種方法可以達到成功。我們選擇哪種方法時，這時的焦慮就是具有創意的。可是，一旦我們確立了目標，就必須停止煩惱，堅信自己的選擇是對的。要是我們靠過去的失敗來引導我們，我們就立刻創造挫折。

二、我們不僅是為現在焦急煩惱，我們還為昨天和將來煩惱。

這樣就立刻製造了挫折，因為過去的失敗和未來的憂慮在現在擾亂著我們。我們有了消極的情緒，就不能積極思考。

治療之道：只想今天。每天都是完整的生命的組成部分。忘掉昨天；把昨天存進記憶裡。明天是不存在的；明天到來時，又是一個新的今天了。讓你的本能發揮它的最佳效力，把握現在，就能成功。

三、我們總是想同時做很多事情。

這樣就分散了我們的精力，使我們無法集中思想。我們想一次做太多事情時，我們就在想做不可能的事情。

治療之道：別和輕鬆對抗，和它做朋友。每一次只做一件事。這樣會帶來輕鬆。這樣就將你由匆忙和失敗的陰影中擺脫出來。

四、我們一天二十四小時都在不停地思考問題。

我們將問題從辦公室帶回到家裡，帶上床。這樣就製造了緊張——製造挫折的緊張。

治療之道：要是你有沒有解決完的問題，等到第二天，睡過一夜再說，不要與它同眠。在你睡覺時，回想過去的成功，讓你的成功元素與你作伴。

五、我們很累。

我們不知輕鬆是什麼。我們只知道這個字，這就是累。一再煩惱的痛苦製造了挫折的折磨。別人不能替你輕鬆。你必須得自己來做這件事。

治療之道：坐在你心靈的靜室中，在那裡輕鬆一下，把「哀愁」忘掉。

鬆弛會克服挫折。不要想而已，為它行動吧！

記住柏拉圖的話：「人類沒有一件事是值得煩惱的。」

— 第六篇 —

對自己投資

說話的經典藝術

在一生的經歷中，我的所見所聞讓我產生這樣的想法，那就是語言一定會成為最精湛的藝術，甚至達到一種至高無上的藝術境界。

很多人都沒有認真考慮過應該怎樣表達自己的想法。他們總是很隨意地使用首先想到的第一個詞。他們從來沒有想過在開口說話之前應該事先琢磨一下，因為只有這樣，說出的話才可能優美、簡潔、清晰、凝練，才具有說服力。反之，從他們嘴裡說出的話經常語無倫次、不成條理。

有時候，我們也能遇到優秀的語言大師，在聽他們說話時，我們感到的是一種無窮的愉悅和享受，有時候我們甚至會情不自禁地納悶：為什麼我們絕大多數人在談話時顯得如此地彆扭笨拙，為什麼我們把語言——這個人與人之間的溝通媒介弄得如此笨拙低劣，語言原本是能夠成為最精湛的藝術的？

在一生的經歷中，我的所見所聞讓我產生這樣的想法，那就是語言一定會成為最精湛的藝術，甚至達到一種至高無上的藝術境界。

溫德爾・菲利普斯在波士頓有一幢別墅。在那裡，他那渾厚的嗓音，那清新自然的話語，那優美的措辭，那博大精深的學識，還有他那散發著迷人魅力的個性以及他表達事物的出色技巧，都給我留下深刻的印象。他坐在我身邊的沙發上，就像跟一個老朋友一樣很隨便很隨和。在我看來，我以前從來沒有聽到過這麼精緻優美的語言。我遇過好幾個這樣的人，他們都擁有那種與眾不同的神奇力量，「所有傾聽談話的聽眾都會被他們迷倒」。

和哈佛大學前任校長艾略特先生一樣，瑪麗・利文莫爾夫人、朱莉亞・沃德・豪和伊麗莎白・沃德都擁有這種不可思議的談話魔力。

換一個角度看，談話的品質是最重要的。在我們的生活中，有許多人雖然能夠用最精心錘煉的語言和最流暢清晰的措辭來表達他們的思想，他們那種輕快流暢的談話風格雖然也能打動我們，但是也僅此而已。他們無法靠深邃的思想來影響我們，他們也無法激勵我們去採取行動。在聽了他們的長篇大論之後，我們不會比以前更加堅定地想在世界上大幹一場，或者是成為某個人物，我們的思想依然沒有改變。

生活中，還有一些人，他們說得很少，但是他們的話語中卻充滿實質性的內容和激勵人心的力量。在聆聽他們談話時，我們感覺到，自己經常被他們話語間的力量感染、激勵和打動。

跟現在相比，過去時代的談話藝術往往要更有水準。這種退化主要原因在於現代物質文明下某些條件的徹底革命。因為在此以前，人們除了交談以外，基本上沒有任何其他交流彼此思想的途徑。任何形式的表達幾乎完全是透過口頭語言的方式進行傳播的。因為在當時，根本就沒有日常的報紙、雜誌以及各種各樣的期刊。

隨著對地球深處所蘊藏的巨大財富的逐漸發現，隨著各式各樣的發明和地理大發現而開闢的全新世界的出現，隨著形形色色的遠大抱負的產生，完全改變了以前的現象。在這個不斷發展、日新月異的時代，在這個人人緊張興奮的時代，有些人都只顧追逐著財富和權勢、金錢和地位，我們再也不像過去那樣有足夠的時間進行深思和發展自己的談話技巧了。在這個報紙和期刊鋪天蓋地的時代，每個人只要花費一個美分或幾個美分就能夠得到耗費成千上萬美元收集到的新聞和資訊，每個人都習慣於閱讀報紙或者是埋頭於書本雜誌之中。這樣的情況，人們再也不像過去那樣要依靠口頭的語言來互相交流了。由於同樣的原因，演講變成一門失傳的藝術。印刷變得如此簡單，以至於最貧困的家庭以幾個美元的代價，便能夠獲取遠比中世紀的國王和貴族們所能夠得到的更多的訊息。

在如今這個社會，遇到一個高超而優雅的健談者，是一件十分幸運的事情。很難有機會聽到某人說出精湛優雅的語言，運用恰如其分的措辭，因此這種機會實際上已經是一種奢侈品。

良好的閱讀不僅能夠拓展人們的視野，使他們產生新的想法，而且能夠增加人們的知識，後者對談話來說有很大的幫助。許多人有深邃的思想、獨特的見地，只是囿於缺乏豐富的辭彙量根本就不足以恰如其分地表達自己的想法。他們被局限在一個狹小的文字圈子裡，反覆使用陳詞濫調，因為當他們想用一個恰當的辭彙來精確地表達自己的思想時，他們根本就找不到一個恰當的詞。如果你下定決心想成為一個能言善辯者，你必須盡可能多地和那些受過良好教育、有非凡文化素養的人交往。相反地，如果你與世隔絕、自我封閉，即使你受過良好的高等教育，你仍然會是一個笨拙的談話者。

我們都同情這些人，特別是那些性格上害羞內向的人，他們竭盡全力想要發表意見時卻發現不能很好地表達自己，因而會在內心產生壓抑和極度沉悶糟糕的感覺。對於那些羞怯內向的年輕人來說，當他們在學校裡或大學裡準備走上講台發表演講時，就經常會產生這種強烈的感覺。事實上這很正常，許多著名的演說家第一次在公共場合作演講時，也有過同樣的經歷，因為自己的語無倫次和傑結巴巴而感到羞愧，感到顏面掃地。然而，立志成為一個雄辯的演說家或者巧舌如簧的健談者，唯一的辦法就是不斷地練習怎樣有效而優雅地表達自己的思想，除此之外，再沒有更好的辦法。

如果你在設法表達自己的過程中發現經過深思熟慮的觀點突然忘記了，整個腦海一片空白，或者是你絞盡腦汁也找不到恰當的詞語來準確表達，因而變得手足無措時，你必須告訴自己，即使這次你所做的每個努力都失敗了也沒有什麼大不了的，因為這肯定會有助於你在下次談話時表現得更好。如果一個人能夠堅持不懈的話，他會驚奇地發現，自己在如此短的時間內取得的進步真是太大了，他有足夠的把握克服自己的尷尬心理和自卑意識，並以一種更加自然輕鬆的態度來表達自己的思想。

在現實生活中，有很多人因為無法用清晰幹練的語言來表達自己的思想，因而在社交場合處於被動的地位。在公共場合中，每當就一些重大的問題進行激烈的論辯時，總會有一些才華出眾、博學多才的人在一邊默不作聲，無法讓旁人分享自己的觀點，儘管他們比起那些活躍的侃侃而談者還要博學、還要有發言權。

而且，類似情況屢見不鮮。在一些場合，某些真正的博學之士經常如木頭般一言不發，而那些頭腦簡單、學識淺薄者卻經常能抓住在座者的注意力，因為後者雖然知道的不是很多，卻能夠以一種生動活潑的語言將自己知道的東西表達出來。而對那些博學之士來說，一旦身邊不是那些瞭解他們的真正價值和深厚底蘊的人，他們經常會感到尷尬不安、舉止失措，因為他們不能就任何一個話題展開充滿智慧和樂趣的交談。在我們的社會，有很多有深刻見地卻保持沉默的人——其中的許多人都身為人妻，他們的丈夫會突然間出乎意料地在政治上聲名鵲起、飛黃騰達。

又有許多人——尤其是那些學者——認為，人生中最重要的事情就是盡可能多地把那些有價值的資訊輸入到自己的頭腦裡。但是，跟汲取知識同等重要的是，一個人應該知道怎麼樣以一種恰當的方式將自己掌握的知識傳播給別人。你可能是一個很有學識的學者，你可能在歷史學和政治學領域有很深的造詣，你可能在自然科學、文學或藝術領域地位顯赫，但是如果你的知識只是為自己知道而不為人所分享，你將處於一種極其不利的地位。

獨自擁有的能力或許能夠給他本身以滿足感，但如果想要別人欣賞這種能力或者承認它的價值，這種能力就必須在公眾面前展示出來，或者以一種吸引人的方式表現自己。無論未經加工的鑽石實際上是多麼的貴重，在沒有經過精雕細琢之前，它真正的價值卻沒有人能清楚地認識到，即使是再多的解釋、再多的描繪也於事無補。只有在經過精雕細琢後，在它發出璀璨奪目的光華之後，人們才會真正把它當成稀世之物。談話對於一個人的重要性，就像鑽石的雕琢對於一塊石頭的意義一樣。所謂玉不琢、不成器，而人不透過語言表現自己，外人同樣很瞭解他的深刻內涵。雕琢的過程本身不會給鑽石增加什麼新的東西，它要做的僅僅是把它內斂的光華展示出來。

在教育孩子時，有些父母對於談話這門藝術所蘊藏的巨大能量一點都不關心，他們根本就沒有意識到這會給自己的孩子帶來多大的危害。在許多的家庭裡，孩子們運用語言的方式、說話的腔調和談論的內容都不盡如人意。

對於發展一個人的智力和個性來說，最好的方式當然是經常地一起討論各種問題並得出富有智慧和生動有趣的觀點。我們堅持用生動的語言、以一種恰如其分的方式來表達自己的觀點時，我們實際上已經受到一種很大的鍛鍊。我們身邊可能還有一些受教育程度不高的人，但是他們能夠十分流暢通順地表達自己的意見和看法，從來沒有顯示出他們從未接受過高等教育。對於這些人，雖然他們一直沒有機會接受高等教育，但是他們卻掌握自我表達的藝術，這比許多大學畢業生都強很多。

相對而言，學校和大學在連續幾年的時間裡，每天都要佔用學生幾個小時的時間。談話是在社會這個永久性的學校裡接受的訓練，很多人都是在社會這所學校裡接受更多的教育。

談話能夠很好地挖掘一個人的潛力，能夠展示許多的機會和資源，能夠有效地刺激大腦深入思考。如果我們可以輕鬆自如地交談，能夠吸引別人並抓住他們的注意力，我們的大腦就會更加靈活，對自身價值的意識也就進一步加強。這種清晰流暢的談話能力會增強我們的自尊和自信。

眾所周知，在一個人使盡渾身解數向別人展示自己之前，沒有人確切地知道他身上到底擁有什麼潛質。只有在我們和別人交流溝通時，我們才會神情專注，我們的感覺才會變得靈敏細緻。每個擅長談話的人在和一個從不認識的陌生人交談的時候，往往都會感到對方在給自己注入一種新的力量，因為後者經常會激勵或鼓舞他努力奮鬥。思想與思想之間的交流，心靈與心靈之間的溝通，往往會產生耀眼的火花和全新的力量，正如把兩種化學物質混合在一起會生成第三種物質一樣。

讓別人對你產生興趣

在這個世界上，對一個年輕人來說，要讓別人向你敞開他們的心靈，最佳的方式就是你能夠讓他感到，你對他本身、對他的言行舉止、尤其是對他未來的理想是真正感興趣的。

如果你想征服聽眾，首先你必須對他感興趣。你這樣做的時候萬萬不可以矯揉造作、惺惺作態。你必須是從內心深處真正地對他們感興趣，否則，他們肯定會察覺到你的假心假意。

對一個年輕人來說，要迅速地讓別人想念你，向你敞開他們的心靈，最佳的方式就是你能夠讓他感到，你對他本身、對他的言行舉止、尤其是對他未來的理想是真正感興趣的。

如果你排斥別人，最終也會被別人排斥。如果你總是滔滔不絕地談論自己，談論以往的成就，你將會發現人們會離你而去，因為你沒有顧及到他們的感受。他們希望的是你能夠談論他們。能夠對與他們有聯繫的事物感興趣。如果你的臉上是副冷酷無情的表情，如果你總是顯得憂心忡忡、愁眉苦臉，你在周圍人心目中一定是不會受歡迎的。每個人都喜歡看到和善愉悅的面孔。我們在生活中總是想盡方法追尋陽光，遠離憂慮和沮喪。

有很多人認為，所謂優雅的修養和舉止只不過是一種淺薄的做作。他們相信，唯有天然的未經雕琢的鑽石才是真正的鑽石。在他們看來，如果一個人是真誠的，如果他具備耿直的特點；如果他忠實於真理，無論他的外表是如何笨拙粗俗、不修邊幅，他仍舊能贏得人們的尊敬，照樣能成為成功者。

這種看法從某種意義上是對的。事實上，一個外表粗俗的人就像一塊沒有經雕琢的璞玉或鑽石一樣。無論其在本質上如何價值連城，但是沒有人會賞識它們。一個人可能會擁有這樣的稀世珍寶，如果他拒絕雕琢它們而使之煥發出璀璨耀眼的光芒的話，同樣沒有人能意識到它們的價值。那些平凡的眼睛根本就不能把它們和普通的石塊區分開來的。它們的價值是跟精心雕琢之後爍爍閃光的程度成正比的。

所以，有許多人可能身具高貴典雅的品格，但是如果這些品格被粗俗不堪的外表所蒙蔽的話，其內在的價值也會被掩埋。只有那種思維敏銳、獨具慧眼的飽學之士，才可以真正發掘他們的寶貴之處。精心的雕琢之於粗糙的璞玉的意義，正如後天的教養和優雅的社交習慣之於一個有用之材的意義。**淵博的學識、迷人的個性，還有優雅的氣質，將令你大放光彩。**

在現實生活中，要改變我們對某個人的第一印象真是非常的困難，不管這種印象是好還是壞的。我們經常感覺不到我們初次遇見陌生人時，我們的大腦運轉得有多快。在一剎那，我們的感官和觸覺是那樣的集中，我們根據自己的評判標準快速地評價著對方。我們的每個細胞和每根神經都處於極度警惕的狀態，迅捷地找尋著對方所有的優點和缺陷。他的言行舉止，都被快速地反映到我們的大腦中，與此同時，我們也在相應地形成自己的判斷，這種判斷雖然是在一瞬間產生的，但會十分牢固地烙在我們的大腦中，以至於我們想在以後把這種對某個人的第一印象完全地清除掉時，會感到十分困難，以致於根本做不到。

那些漫不經心、疏忽大意的人們經常得耗費大量的精力在書信中賠禮道歉。但是，賠禮道歉所起的作用通常是微不足道的，因為相較於強烈鮮明的第一印象，它們顯得非常的蒼白無力。無論你事後如何想盡方法地進行彌補，你在別人心目中的第一印象總是根深蒂固的。所以，對於一個正在致力於建功立業的年輕人來說，盡可能地給別人留下良好的第一印象是非常重要的。經常給人不良的第一印象可能在你職業生涯的初期會令你事事不順，並且使你以後的職業生涯舉步維艱。

假如你能給別人留下這樣的印象，即你是一個真正的男子漢，高尚正直和光明磊落是你個性中最顯著的優點，它們就像指航的燈塔一樣照亮你的前程，如果人們能夠從你大方得體的儀表和不卑不亢的舉止後面看出你真正的格調和修養，你就邁出了成功的第一步。

有一位男士——在現實生活中，有很多像他這樣的人——他不理解為什麼人們都對他敬而遠之。他出現在一個社交場合時，人們都躲避著他。當別人在愉快地交談、逗樂，盡情地享受美好時光時，他卻只能是默默地坐在無人的角落，享受孤獨。如果有時候他偶然進入談話的中心，但似乎很快就會有某種無形的離心力作用在他身上，將他從人群中脫離出來，重新被孤獨寂寞所包圍。他在任何地方都很少受到歡迎。他看起來就像是一根冷冰冰的冰柱——渾身感覺不到一點溫暖，沒有絲毫魅力可言。

這位男士對於自己遭人排斥的原因百思不得其解。他是一個很有才華的人，兢兢業業，當他結束白天的勞累之後，他也渴望著得到放鬆和休息，渴望著有朋友談心；但是，他卻得不到任何一點歡樂。他發現自己到處受阻，而那些才幹遠不及他的人卻廣受歡迎時，他感到非常苦惱。他根本就沒有意識到導致他不受歡迎的原因卻是他本身過於自私。他總是在為自己著想，在他心中根本容不下別人，或者不顧別人的感受。他所關注的只是自己的「小我」，而不是社會或別人的「大我」。無論你是多麼頻繁地與他談話，他總是不停把話題引到自己身上，引到自己的事業上。

另一個妨礙他在社交方面成功的原因，就是他不懂得煥發魅力的秘密。他沒有意識到每個人都像是一塊磁鐵，我們散發的磁性是與我們平素的思維習慣和動機密切相關的。那些總是為自己的利益投機鑽營的人就變成以自我為中心的磁鐵，它們只能吸引自己，根本沒法對其他任何人產生磁性。現實生活中有很多人都變成一塊吸引金錢的磁鐵，他們幾乎所有的注意力都集中在金錢上面，以至於除了金錢以外，他們的眼中別無其他。更有一些人變得卑劣、品行不端，因為他們把自己變成吸引邪惡的磁鐵。

與此同時，生活中也有這樣的一些人，他們的心靈和個性非常的優美，以至於任何一個和他們交往的人都能感受到一種強烈的親和力。所有和他們接觸過的人都喜歡他們、尊敬他們。這些寬宏大量的人之所以受人歡迎，就是因為他們同樣地愛著別人。他們像磁石一樣吸引著形形色色的人們，由於他們的襟懷就像大海般博大廣闊，能夠容納世間萬物，他們對每個人都懷有善意。

出於一種本能，我們可以很快地察覺到一個人身上佔據主導地位的品格，並且由此形成對他的觀感。透過細緻的觀察，我們可以推斷出他的品性，並且可以知道他是一個自視清高、自以為是的人，還是孤單寂寞、淡泊名利的人，或是一個慈愛仁厚、襟懷寬廣的人。

後者保持了真正純潔的天性，在這樣的人身上，沒有絲毫冷冰冰拒人於千里之外的肅殺之氣；正好相反，他們吸引和深愛著周圍的每個人。

如果一個人總是冷酷無情、性格乖戾、以自我為中心，他根本就不能吸引別人。他將總是遭到排斥，處處惹人討厭。沒有人願意接近他。這實際上牽涉到一個問題：他到底準備怎麼做。一旦他恍然醒悟立刻就會出現神奇的力量，以前排斥他的地方現在將會熱烈歡迎他。

他對別人的吸引力是和他對別人感興趣的程度成正比的。

一旦他置身於另一個環境，真正對別人感興趣，並且在和別人交談的時候，不再總是把話題轉移到自己身上或與自己相關的事情上面，別人同樣會迅速對他產生興趣。贏取愛的途徑唯有一個，那就是真誠地去對待別人，愛可以打破自私自利的枷鎖。

拋掉自私的念頭，試著去和別人深交；不斷地培育對別人的尊重和熱愛，並真正從內心深處去愛別人，你就肯定能夠贏得別人的愛，並且使自己廣受歡迎。

許多人之所以遭人厭惡，是因為他們總是局限在個人的小天地裡，總是只顧自己。他們把自己封閉得如此長久，以致跟外部世界失去聯繫，進而也喪失了天性中敏銳的觸覺。他們長期過著一種完全主觀的生活，對那種開放的、客觀的生活方式不屑一顧，看不上眼。他們不知道，如果經常以一種單獨、對外界毫不關注的方式來生活的話，他將喪失吸引力，並且使得他們原來新奇的內心逐漸地萎縮，到最後，他們將不再散發任何活力和熱力，他們將變成徹寒入骨的冰柱，如此地冷酷，以致在他們露面時，人們情不自禁地會感到不寒而慄。

友誼的支持力量

朋友是無聲的同伴，朋友是另一個自己——他們有彼此共同的愛好，盡其所能地幫助我們在生活中取得成功，對我們的事業大力相助，並且為我們取得的每一點進步和成功感到高興。

在這個世界上，最幸福的事情就是擁有幾個情深意切、忠貞不渝、能互相提攜走過風風雨雨的朋友。無論我們有家財萬貫還是身無分文，他們對我們的情誼不會有絲毫改變；我們身處逆境時，他們會盡其全力幫助我們。

在美國南北戰爭爆發之際，人們談論得最多的是幾位總統候選人的條件。**有一次，談論到林肯時，一個人說道：「林肯一無所有，唯一的財富就是擁有很多朋友。」**確實，林肯十分貧困，當他當選為所在州的議員時，他特地借錢買了一套比較高級的服裝，以便在公眾場合出入時顯得比較正式，並且他還徒步走了一百英里去就職。而且還有這樣一件趣事，那就是在林肯當選為美國總統之後，他為了把家搬到華盛頓，竟然不得不向朋友借錢。但是，就是這個在物質上一貧如洗的人，在友誼上卻是多麼的富有啊！

朋友是無聲的同伴，朋友是另一個自己——他們有彼此共同的愛好，盡其所能地幫助我們在生活中取得成功，對我們的事業大力相助，並且為我們取得的每一點進步和成功感到高興。可以想像，在這世上沒有比朋友的忠誠和奉獻更崇高、更美麗的東西。

雖然狄奧多·羅斯福具有傑出的個人能力，但是假如沒有來自於他朋友們強有力的、無私的和熱心的幫助，他取得的成就可能很小，或許微不足道。事實上，如果不是他的朋友們，尤其是他在哈佛大學所交的那些朋友們的傾力相助，他能否當選為美國總統還真是一個未知數。不管是在他作為紐約州長的候選人期間還是在他競選總統期間，很多同班同學和大學校友為他不辭辛苦地進行奔波。在他所組織的「曠野騎士團」中，他得到眾人的支持，他們都成了他的好朋友，他們最終在競選總統中為他在西部和南部贏得了成千上萬張選票。

體會一下吧，擁有真摯熱心的朋友是一件多麼幸福的事情啊！他們總是細心地關注著我們的每一件事情，無時無刻不在為我們服務，他們會抓住每個機會鼓勵我們，默默地支持我們，在我們不在的場合他們會毫不猶豫地代表和維護我們的利益，他們會幫助我們改正自身的缺陷與不足，在聽到有可能對我們造成不利影響的流言蜚語或無恥謊言時，他們會堅決地予以制止和反駁，他們還會努力地改變別人對我們的不良印象，給我們公正的評價，並想盡方法地消除因為某些誤解，或者是因為我們在某些場合拙劣的表現而導致的惡劣影響。一句話，他們在漫漫的人生之路上總是推動著我們前進，或者是在緊要關頭助我們一臂之力。

如果不是因為朋友，我們之中的許多人將會失去很多很多，如果沒有朋友替我們共同承擔那些殘酷無情的打擊和攻擊，並耐心地撫慰我們受傷的心靈，我們之中又有多少人將會落到臭名昭著、傷痕累累的境地啊！同樣的道理，如果沒有許多朋友為我們帶來顧客、客戶和生意，如果沒有他們自始至終地盡其所能為我們開闢道路和提供方便，我們之中的許多人在經濟上將更加窘迫無力。

噢，對於我們的缺點、不足、短處和刻骨銘心的失敗來說，朋友意味著一種多大的恩惠啊！在我們氣餒、失敗和軟弱時，他們總是不遺餘力的幫助我們。

在這個世界上，還有什麼能比看到一個人想盡方法在他朋友的缺點或瘡疤之前善意地保持沉默、為他朋友抵擋來自於冷酷無情者或魯莽草率者惡意的攻擊，並站到最前面大聲地宣告他朋友的德行更令人感動的嗎？我們不能不對這樣的人抱以由衷的敬意，因為我們知道他是我們真正的朋友。

在這個世界上，還有比幫助一個真正的朋友更神聖的東西嗎？在現實生活中，能夠意識到我們的一舉一動都密切關係到一個朋友的榮譽的人不多了，事實上，我們所做的報告，我們對別人的言論，很可能會對他的成功或失敗產生重大的影響。如果我們任由某一醜聞毫無顧忌地傳播，它極可能會毀壞某人一輩子的名譽。

我知道的一件最令我感動的事情是：一個真正的朋友仍然去幫助一個自我作賤的人——那個人已經喪失了自尊和自律，甚至墮落為不知人性，這就是真正的友誼。事實上，即使是我們自暴自棄、厭惡自己時，友誼仍然忠誠地站在我們一起！我認識一個忠實地站在朋友身邊的人，他的朋友因為終日沉溺於酒精和各種各樣的罪惡，到了最後，他自己的家庭把他趕出家門。但是，即使是他的父親、母親、妻子和孩子都遺棄了他，這位朋友仍然自始至終地對他關愛如初。在他出去放蕩縱欒的時候，這位朋友總是陪伴在他身邊，好幾次他因為醉得東歪西倒而根本無法站立，幸虧有他朋友的及時幫助才免於凍死在大路上。有很多次，這位朋友離開自己舒適溫暖的家而到骯髒齷齪的貧民窟裡尋找他，使他不受警察的逮捕，幫他抵禦寒冷的侵襲。這種無私而又偉大的愛和奉獻最終感化和拯救了這個墮落的人，使他重新找回已經失去的自我，並且回到溫暖的家庭懷抱。試想，能夠用任何金錢來衡量這種偉大友誼的價值嗎？

朋友能夠給我們帶來很大的影響，有人因為背後有強而有力的忠貞友誼的支持而免於墮入絕望的深淵，因為友誼而沒有放棄對事業的追求！又有多少人對生命絕望時，想到還有人深愛和信任著自己，進而回心轉意，重新塑造自我啊！還有多少人心甘情願地承受那些因為朋友的失誤而帶來的苦難啊！很多時候，來自於朋友的鼓勵或者是善解人意的話語，會令你感到那種發自心靈深處的震撼和感動，因此而改變了你的一生。

有許多人始終懷著最終必將勝利的希望，長期忍受著苦難、病痛和世俗的流言蜚語的折磨，他們之所以堅持這樣做，是因為他們還有朋友的大力支持，還有那些熱愛和相信他們的朋友，還有那些能夠在他們身上發掘別人無法發掘的優點的朋友。如果不是因為朋友的緣故，如果僅僅是為自己著想，他們很可能早就放棄奮鬥了。

朋友的信任是一種不變的推動力。很多人對我們抱以誤解和蔑視而許多朋友仍然真正相信我的能力時，這種信任能夠充分激勵和鼓舞我們全力奮鬥。**德國的尼·史密斯說：「生命是由眾多的友誼構造而起的，愛和被愛中存在無窮的幸福。」**

眾多的朋友經常是我們開創事業的最有利的資本。有很多現在成功的人物，當初如果不是朋友的支持而使得他們繼續奮鬥，恐怕他們早已在事業生涯中的某些危急時刻放棄奮鬥、偃旗息鼓了！假如生活中沒有友誼的話，我們的生命將是一片荒涼貧瘠的沙漠！

如果你正想在某一個行業或商業領域施展抱負時，你擁有的一大批忠誠的朋友將給予你最大的支持，他們將會給你帶來很多良機。有人說：「命運是友誼決定的。」

如果我們能夠仔細分析一下那些成功人士以及那些為同事及下屬所推崇的人的生活，並找出他們能夠成功的秘密，那將是一件有意義的事情。

我曾經試著對某個人做了這種分析，對他的事業進行一段時間的仔細觀察和研究之後，我得出一個結論：他的成功至少有百分之二十必須歸功於他在廣交朋友方面的非凡能力。從他的童年時候起，他就一直注意培養這個方面的能力，他非常善於把人們吸引和聚集在他的身邊，以致於朋友都願意為他傾盡全力。

這個人開始進入社會開創自己的事業時，他在中學和大學期間所結交的朋友發揮了極大的作用。濃厚的友情不僅為他打開了非同尋常的機會之門，而且也大大增加了他的知名度。

換句話說，因為有眾多朋友的幫助，他的能力也增強了許多倍。彷彿擁有一種神奇的力量，不管在做什麼事都能獲得朋友們無私而熱心的支持，朋友們好像總是竭盡全力地增進他的利益。

很多人對自己事業生涯中朋友的作用很少作過很高的評價。很多成功人士都認為，他們之所以能夠取得非凡的成就是因為自己擁有與眾不同的才能，是因為他們自身的奮鬥，他們總是津津樂道於自身的輝煌業績。他們把自己的成功全部歸因於自己的才能、精明、努力以及奮鬥。他們根本就有意識到，眾多的朋友就跟無須報酬的支持者一樣，不管在什麼時候都會對他們的事業提供服務與幫助。**科爾登說過這麼一句話：「真正的友誼就像健康一樣，其價值往往到失去它時才會被認識到。」**

此外，朋友們的原則和立場將對你的生活產生巨大的影響。在選擇朋友時，必須確立這樣一種原則，那就是最好選擇那些比你優秀、在各方面領先你一步的人做朋友。必須努力地和那些你所敬佩和推崇的人交往，這不是意味著要巴結那些在金錢上更富有的人，而是去結交那些有高深的文化素養、受過良好的教育、並有更廣泛的資訊來源的朋友。只有和這樣的人交往，你才可以盡可能多地汲取有利於你成長和發展的營養。而且在與他們的交往過程中，你也逐漸會提升自己的理想，追求更遠大的目標，並做出更大的努力，使自己不斷向更有利於自己發展的地方靠近，最終成為一個引人矚目的傑出人物。

鼓舞人心的力量

有些書使人胸懷遠大，說它能影響整個民族一點都不為過。那些能激勵人的志向、喚醒人的潛能的書，其價值難以想像。

如果我們願意把自己與激勵我們奮鬥的人聯繫在一起的話，就讓我們去讀激勵性的書吧，它們能讓我們更加完美。

閱讀的一個重大意義就是發現自我。催人奮進、塑造個性、磨礪人生的書籍，對於實現這個目的非常有幫助。

有些書使人胸懷遠大，說它能影響整個民族一點都不為過。那些能激勵人的志向、喚醒人的潛能的書，其價值難以想像。

戈登・馬瑟的《為善》曾經影響了班傑明・富蘭克林的一生。

如果我們願意把自己與激勵我們奮鬥的人聯繫在一起的話，就讓我們去讀激勵性的書吧，它們能讓我們更加完美。

眾所周知，有時候看了一本對我們產生巨大影響的書之後，我們會發生很大的變化。有些書能打開人們的心靈之窗，讓他們發現自己的潛力，很多人正是經過閱讀這類書才發現自我。我認識一些人，他們勤奮地閱讀一些好書，從中受到影響，志向也發生很大改變，於是他們不再流連於空想，他們的理想也變得更為崇高。

康乃爾大學的賴特校長說過：「這個國家最需要學習的是真實、純樸的道德觀和是非觀。應該重視傳記作品中的內在思想，重視高尚的品德和奉獻精神。尤其應該讓人明白，最偉大的人不是最偉大的演說家，更不是圓滑的政客——他們只是禍根；我們需要的是有愛心。如果像膚淺的少男少女那樣，看了好書也增長不了一點道德力量，國家是得不到半點發展的。

如果年輕人把歷史上那些偉人的思想作為精神動力，他們將不會再甘於平凡或平庸。他們會積極進取，追求更為遠大的理想。

每一天都必須珍藏下一個有啟發性的思想，不然這一天就毫無意義。每一天都是生命之書中的一頁。

在家裡讀書的確能夠代替高等教育，而且經濟方便，何樂而不為呢？各種知識非常豐富，智趣迷人。如今，世界上最出色的文學作品擺放在美國許多家庭的書櫃裡，但在五十年前，這是只有少數富人才可以擁有的一種奢侈品。

因此，在這種文化氣氛裡，一個美國人如果長大成人後還一無所知，那真是莫大的恥辱！確實，各個領域的許多優秀作品現在都以短文的形式刊登在各種期刊上。許多優秀的作家不吝時日、不辭辛苦地旅行，收集創作素材，雜誌出版商也不惜重金去出版讀者只花非常少的一點錢就能買到的佳作。這樣，那些優秀的作家們長年累月辛苦勞作的成果，讀者在期刊和書籍上就能很方便地看到了。

紐約的一個家資百萬的商人帶我參觀他坐落在第五大道上的豪華別墅，每個房間都布置得非常漂亮，豪華闊綽。他告訴我，僅一間臥室的裝潢就花了一萬美元。牆上掛滿了昂貴的油畫，房間裡陳設著奢華的家具和裝飾品，地上鋪的地毯非常精美。他花了一大筆錢只是為了貪圖享樂，如此耗鉅資裝點門面，但房子裡難得見到一本書。生活在這種家庭裡的孩子能得到優越的物質享受，卻不得不忍受痛苦不堪的精神饑餓，這真是非常的遺憾。他告訴我說，他最初到這個城市的時候還是一個窮困潦倒的窮光蛋，他所有的財產都包在一隻紅色的小手帕裡。「我現在是一個百萬富翁了，」他說，「但是我想告訴你，假如能獲得一次良好的教育，我願意付出所有財產的一半作為代價。」

這是一本
成功學的絕對經典

有很多富翁曾向自己的知心好友透露，只要能讓他的獨生子成長為一個真正的男子漢，不變成一個一無是處的花花公子，潔身自好，他們願意不惜重金；如果有必要，他們甚至願意傾其全部資產。他們已經明白，他們的殷實生活中缺少了能使自己和子女擺脫茫然和無知的東西——好的書籍。

現在的美國，即使最窮的技工和苦力都可能擁有寶貴的財富——那就是一個博覽群書的文明頭腦，在這個報紙和書刊雜誌很多的時代，要為自己的無知和粗鄙找藉口那是很可恥的。今天，只要我們身體健康，我們就容易獲得能使我們終生富有、使我們能與最有修養的人交往的財富。書籍能夠增長知識、提高修養，能夠把人們從野蠻的生活狀態提升到神聖的知識世界。假如誰拋棄了書籍，他就是世上最貧窮的人。

「沒有任何娛樂能比閱讀更有益，」瑪麗・蒙塔古說，「也沒有什麼快樂能如此持久。」好書能充實人的精神，能提高人的品位，使人擺脫低級趣味的束縛，能把我們的思考和生活變得更豐富。

約翰・拉伯克爵士曾經說：「英國人花在書上的大量時間和金錢，是監獄和警察局省下來的。」

最貧窮的人只花一點錢，就能夠隨心所欲地與世上最偉大的哲人、科學家、政治家和作家對話，而住在簡陋窩棚裡的人也能夠閱讀各國的故事、史詩、自由的故事、世界上的傳奇以及人類發展的歷程，這確實是一個奇蹟。

卡萊爾說，一個圖書館是一所名副其實的大學。遺憾的是，不計其數的雄心勃勃、精力充沛的人在應該學習的年齡錯過了受教育的機會，為此他們的精神非常的貧乏，並且他們對此還絲毫不在意，他們對閱讀的巨大影響力也不屑一顧，不知道閱讀能夠改善生活，能夠彌補大學教育的不足。

你是否在一個受過良好教育、能慧眼識才的雇主那裡找過工作？你沒有必要費心告訴他你所讀過的那些書的書名，因為它們已在你的臉上、談吐中留下磨滅不了的印跡。你貧乏的詞彙量，毫無生機的表達，你滿口的市井俚語，都已告訴他：你浪費了無數寶貴的時間。他知道，你沒有充分地利用過時間。他知道，許多年輕人儘管生活繁忙，日常工作與責任非常多，但是他們一直在設法找時間去密切關注時事，去進行系統有效的閱讀。

賽奇先生曾經說過：「在這個世界上，人類所有的創造物中，最重要、最了不起、最有價值的就是被我們稱之為書籍的那種東西，也就是那些沾滿墨跡的殘破紙張。書籍簡直是萬能的東西。」

康乃爾大學的舒曼校長非常自豪地指著他書櫃中的幾本藏書說，那是他在窮困潦倒時用幾天省下來的飯錢買的。

著名的德國教授歐根從不覺得邀請阿格西斯教授與他共進很簡單的晚餐是不體面的，因為他能夠省下錢來買書。

國王喬治三世曾經說，律師懂得的法律知識未必真的比其他領域的人多，但是他們更清楚在哪本書上能找到所需的法律知識。

如何在書的世界裡尋找相關的實用知識，從經濟的角度來看確實頗有價值，藉助於這種知識，一個人會先和書相識，然後和書成為朋友。詹姆斯・克拉克說：「一些書籍已經為這個世界做出了卓越的貢獻，而且還在不停地做貢獻。書籍不斷地給予我們新的希望，喚起新的勇氣與信仰，撫慰傷痛，給貧困的人帶去美好的生活理想，把遙遠的年代和完全不同的空間聯繫在一起，創造出美的新世界，並把真理從天堂帶到地上——每當我一想到這些，就會對這一天賜的禮物感激不盡。」

依照一般人的理解，教育就是透過書本和教師去開發大腦的一個過程。如果因為沒有機會或是沒利用好機會而無法受到恰當的教育，剩下的希望就是透過自修來完善自己。完善自我的機會就在我們周圍，它無處不在。在今天這個書價低廉、圖書館免費開放、夜校眾多的時代，很難為忽視智力開發和精神發展的做法找到好的藉口的，因為要想學習到處都是機會。

在半個世紀前，要獲得知識那是非常困難的。那時書籍匱乏、書價昂貴、沒有理想的照明條件，而且艱苦的工作使人無暇學習，要集中精力學習還必須克服身體的疲憊，因此我們一定會覺得，在那樣艱難的時代能產生文化巨人真是太偉大了。假如那些文化巨人們同時還要與生理殘疾、健康惡化等缺陷做艱苦卓絕的鬥爭，我們就會為自己感到羞愧，因為我們很多人好像對現代社會優越的學習機會視而不見。

自我完善暗含著一種重要的情感：積極進取的願望。有了願望，要達到完善的目的，還必須戰勝自我——戰勝追求物質生活和享樂的自我。小說、打牌、撞球和閒聊全部都得拋開，不能浪費有用的一分一秒。任何追求自我完善的人都面臨著這麼一個難題，那就是自我放縱，只有戰勝自我放縱這個敵人，才會有大的突破與進步。

如果你能告訴我，一個年輕人怎樣利用他夜晚的時光，怎樣打發他零碎的時間，我就能預見他的前途。他或許惜時如金，從不浪費閒暇；他或許只是把閒暇看作消遣娛樂的「輕鬆時光」而已。

他利用閒暇的方式就決定了他的生活態度，到底是認真的生活，還是在虛度年華。或許他從來沒有意識到一個駭人的後果：無謂地浪費掉閒暇的時間會造成品格上的逐漸退化，而且這種退化有時候很難察覺。

年輕人經常會驚異地發現自己已落後於競爭對手了，但只要反省一下，他們會不難發現，他們不再進步是因為自己不再為緊跟時代步伐而執著努力了，他們不再像從前那樣進行廣泛的閱讀，不再靠自學來完善自我。

合理地利用閒暇進行閱讀和學習，是卓越品格的展現。歷史上的很多事情都說明，被用來學習的「閒暇」從很大意義上講沒有閒著。這些時間是節省出來的，是從睡眠、就餐和娛樂時間中節省出來的。

埃利胡・布瑞特少年時就去給一個鐵匠當學徒，他整個白天都必須待在工廠裡幹活，而且經常還要加班，試問，今天哪個男孩成才的條件會比他更艱難？但是，他吃飯時面前總要擺一本書，只要一有時間，他就把口袋裡的書拿出來看，晚上和節假日都學習不輟。這樣，他一直設法利用大多數男孩虛擲的零碎時間來自學。當那些紈褲子弟們打哈欠、伸懶腰、遊手好閒時，年輕的布瑞特卻不失時機地學習、進步。

他求知若渴，積極上進，進而克服了人生道路上的許多障礙。一個富翁願意資助他去哈佛念書，但布瑞特說他能教育好自己，即使他每天必須到鐵匠鋪工作很長時間。他在鐵匠鋪抓住每一刻的閒暇，惜時如金。他堅信，珍惜時間會使他獲益匪淺，而虛擲光陰只會讓他庸碌無為。試想一下——一個得在鐵匠鋪整天工作的孩子，竟然在短短的一年間就學會了七種外語！

很多沒有成功的人不是沒有傑出的能力，而是不夠勤奮。在很多情況下，員工的頭腦和智力勝過老闆，但是一般的雇員不思進取，他的惡習使其懶於思考。整天懷著得過且過的心態。到了遲暮之年，一輩子為人作嫁的束縛使他痛苦不堪，於是抱怨運氣不佳、機緣不好。

許多年輕人認為，寫一手好字、掌握一門實用知識沒有什麼價值，這些人只配當一輩子的配角。

在這個知識的社會，工廠、倉庫和辦公室裡，存在許多無知的青年男女，真是令人心痛。在各行各業，我們都能見到很多天賦很高但毫無作為的人，他們之所以這樣，是因為他們年輕時沒有重視獲取能使他們成為熟練工人的知識。

有很多的人因為年輕時對那些看似瑣細實則重要的事情沒有引起足夠的重視，以致到了後來發現自己落後於別人，隨後生活中也出現了重重困難。

很多有天賦的女孩在最有創造力的年華裡甘當低薪職員或是屈就於低的職位，那是因為她們從未想過應該開發自己的智力，利用許多的機會鍛鍊自己，努力晉升到高層職位上去。許多的女孩放棄挖掘自己潛力的機會，一輩子無所作為，這往往是因為年輕時她們應該掌握知識的大好時光，她們卻認為「我覺得這麼做沒有多大的意義」。她們認為，去學校學習基礎知識，學習算帳，或是培養自己做任何能夠維持生計的事情都沒什麼作用。她們只想到要嫁人，從沒有自立的思想——但是，在很多情況下，一旦發生意外，婚姻也不是可靠的保障。

絕大多數年輕人都不願意傾盡全力投入到工作中，他們只想少幹活而多享樂。他們老想著貪圖享樂，不能克制自己，也不重視訓練生活技能。

有不少職員羨慕他們的老闆，希望自己也能從事商業經營並取得成功。然而，他又覺得經營企業要做的工作實在是太多了。他熱衷於過悠閒的生活；他經常想，為了能爬得更高點，為了多賺點錢而去努力、奮鬥、學習，這樣做到底有沒有意義？

很多人都不願意為了未來的發展而放棄眼前的利益。他們寧願隨便地生活，而不願努力不斷完善自我。他們也想有所成就，但是很多人不能夠高瞻遠矚，考慮將來怎麼辦。很少有人願意為了人生的奠基而埋頭苦幹。他們渴望變得偉大，但是他們的渴望不切實際，因為他們不願為達到目標付出努力，做出犧牲。

因此，大多數人一生都庸碌無為。他們本來有能力更上一層樓，但是他們缺乏堅定的意志力。他們不想做必要的努力。他們更熱衷於過輕鬆悠閒的生活，不願爭取更高的目標。他們不願意竭盡全力去爭取能得到的一切。

如果一個人願意不斷進取，提升自己，他肯定會有所收穫，或者「即使找不到，他也會創造機會」。機會無處不在，就看你怎麼把握它。

有一個年輕的愛爾蘭人，到了二十歲還不識字，他的家人生活放縱，為此他就離家出走了。他靠著觀察廣告牌逐漸學會了認一點點字。後來，他在軍艦上當起了服務生。他選擇了一個要求在船長桌邊服務的差使，是因為他渴望學習。他在上衣口袋放了小紙本，一發現什麼新詞，他就馬上記下。一天，一個軍官發現他在寫字，立刻就懷疑他是間諜。當他和其他軍官得知了那個小紙本的用意之後，給了這個年輕人更多的學習機會，最終使他在海軍中平步青雲。作為海軍軍官的成功為他在其他領域的成功鋪平了道路。

消滅思想之敵

如果我們光著腳走路，我們會學著避開傷腳的碎石頭和荊棘，同樣，也要學會驅逐傷害我們並會在我們的心靈上留下疤痕的思想。

要消滅思想敵人就必須持之以恆、行之有效地努力。如果沒有精力和決心，我們就會無所作為。如果不全神貫注地阻止這些思想敵人，把它們驅逐出人的思想，擋在頭腦的門外，我們無法保持心境的平和與快樂。

把我們生活中的敵人、我們厭惡的人、傷害和誹謗我們的人關在門外好像並不困難，但為什麼我們不能把思想的敵人拒之於大腦的門外呢？

如果我們光著腳走路，我們會學著避開傷腳的碎石頭和荊棘，同樣，也要學會驅逐傷害我們並會在我們的心靈上留下疤痕的思想。要做到這一點其實不難，只需要把思想之敵擋在頭腦之外，把思想之友迎接進來就可以了。

有些思想能給我們帶來希望和快樂、振奮和喜悅。另外一些思想卻會限制、壓抑所有的希望、快樂和滿足感。

只要我們保持堅強、活躍、機智和富有創造力的思想，我們就能夠幸福快樂，健康向上！心靈平靜的時候，就不能存在混亂的心情；心靈美麗的時候，醜陋就會無影無蹤；身心洋溢著幸福快樂的時候，悲傷就會煙消雲散。

如果你堅決把這些思想敵人——恐懼思想、焦慮思想、病態思想——拒之於頭腦的門外，它們就會永遠沒有機會接近你。但是，如果你歡迎他們，給它們提供生存的環境，它們就會得寸進尺，要求更多的養料和縱容。面對思想之敵，有效的做法是關上你的心靈之門，拒絕讓它們進入。不要讓污濁的思想滋生，拋棄它們，忘掉它們。如果你遇到不幸的事情，不要說：「那是我的運氣不佳，我總是這麼倒楣。我就知道會這樣，無法改變。」不要抱怨自己，那是一個危險的信號。要學會保持平和的心境，學會忘卻不幸的經歷，學會忘卻悲傷屈辱和痛苦的記憶，要做到這些其實並不困難。

只要你能除去種種私心雜念，忘掉痛苦悲傷，你就能體驗到平靜、舒適和幸福。

不要去管自己的過錯和不足，不管它們多麼令人痛苦，一定要驅逐它們，忘掉它們，決心遠離它們。

這不是單憑一個願望就能做得到的，還要靠一個人逐漸清除掉思想敵人的決心、毅力和警惕。**不去想傷心悲慘和殘酷經歷的最佳途徑，就是用明朗、愉悅、生動的思想充實你的頭腦。**

—第七篇—

正確思考的奇蹟

明確目標的力量

如果只有理想而不想做出努力，缺乏執著追求的心態，或對自己的理想抱一種冷淡的態度，理想慢慢便會消亡，而永遠成不了現實。

一個人要實現目標，無論表面看有多麼大的困難或是多麼的遙遠，無論事物發展的前景怎樣渺茫，只要我們竭盡全力地使之具體化，對工作執著地追求和努力，理想就一定會成為現實，就會在生活中得以實現。

但是，如果只有理想而不想做出努力，缺乏執著追求的心態，或對自己的理想抱一種冷淡的態度，理想慢慢便會消亡，而永遠成不了現實。

只有樹立具體而明確的目標，才可以產生有效的影響。有了理想，並有實現理想的堅定決心，就產生一種創造力。熱切的希望、執著的追求加上不懈的努力，這些因素共同作用就一定能使理想化為現實。我們思想、情感和理想的特點一直在影響我們工作的效率。只要我們時刻牢記自己的理想，把自己當作一種完美的存在。

無謂地胡思亂想只能是你希望成為現實的東西。人們總是為自己找藉口，總是說自己已經身心疲憊；總是說自己已盡心盡責、全力以赴；總是埋怨自己狀態不佳，沒有發揮出應有的水準；總是說自己運氣不好，霉運不斷；總是說自己命途乖舛，時運不濟。他們希望能有所作為，並且為此做了較大的努力，但是他們有些無助，因為人們沒有意識到：他們在自己的心目中刻上了一些灰暗的圖景，這些圖景正是安寧、幸福和成功的敵人，早就應該拋棄的，可是這些灰暗的圖景卻深深地灌輸到他們的意識中，最後在他們的生活中變成現實。絕對不能承認是你的身體不行，或者你是軟弱的，哪怕就是一瞬間也不能這樣承認，除非你是真的想體驗這種狀況，因為這些不良的思想會強化那種不良的狀況，使它對你糾纏不休。

每個人都是自己思想的產物，只要認真去做某件事，這件事情一定會做成功。如果你每天都把自己想像為一個超人，你到這個世界的目的是要完成某一件神聖的使命，你有過人的才華和良好的機會，你就會非常自信，你所表現的力量將出乎你的意料。

如果你想要使自己在某一領域有所成就，你就要竭盡全力使這個目標具體化，絕對不能輕易放棄目標。要堅持理想並堅持不懈地努力，直到你的人生得到昇華，理想變成現實。

每個人的生活都與他的理想聯繫緊密；生活因為理想而多姿多彩，生活因為理想而得到你嚮往的水準，生活因為理想而成為你嚮往的生活。如果你瞭解一個人的理想，你就能夠知道一個人的前途，因為理想經常能決定一個人的命運。

我們的理想經常會塑造我們的品格，理想會對我們的生活軌跡產生非常深刻的影響。內心的理想很快就會溢於言表，在生活中表現出來。總是縈繞在心頭的東西是無法長期埋藏在心底的，它始終會表現出來的。

我們要完善那些有力地支配著我們思想、情感、理想或志向的品格。這樣，所有符合你的原則的事物都是卓越而高尚的。不要讓任何低級趣味的思想和任何惡劣的行為在你的身上出現，你的言行舉止必須是高雅的。

淨化自己的靈魂，胸懷大志，這樣就會對我們整個人生產生深遠影響，使個性更加開明，使生活變得更加美好。

人生是靠希望來支撐的。一個對未來充滿信心的人對前途所做的預見，是他的肉眼根本無法做到的。

信心是我們所希望的事物的本質。它本身雖然還只是一種想像出的事物的輪廓，但它也是事物的現實本質，而不只是一種純粹的心理想像。在我們所信仰的、所希望的、所渴望的東西背後，還有某種非常內在的東西存在，這就是與我們所熱切希望的與事物有關的現實。

我們的信仰是一種極為強大的創造性動力。對溫馨安逸的家的渴望，對財富的夢想，成為一位德高望重的人的理想，想在某件事上取得成功的信念，想對社會有所貢獻的雄心，無可置疑，這些都是強而有力的創造性動力。

人生目標因為你全部思想意識的加入，而變得更加具有方向性。思想集中才可以實現你的夢想，展現你的價值。如果你才華洋溢，你的精神保持一種良好的積極進取狀態，朝著你的人生目標不懈努力，正是這種對更美好事物的憧憬，對偉大事業的信念，構成你成功的靈魂。你要堅信：你是在不斷的進步，你是在朝著某個更高、更好的目標奮勇直前。

許多人認為，想像力過於豐富是非常危險的，因為它使人變得不切實際。事實上，想像力和我們擁有的其他能力一樣是神聖的。造物主讓我們擁有這種能力，是有某種神聖的目的，它使得我們能夠在理想中生活，即使是在令人不悅的甚至悲涼的逆境中，它仍然能驅使我們繼續工作。

想像力能夠使我們感覺到即將來臨的輝煌現實。建造空中樓閣不再被看作愚蠢的、沒有任何意義的消遣。最初，我們動用所有的思想意識對它進行全面而細緻的估測。然後，我們再去奠基，透過不懈奮鬥把它變成現實。

積極心態的力量

我們一定要從心裡堅信，我們的精神力量和思想力量可以幫助我們實現自己決心要做的任何事情。就是這種滿懷信心的期待能使我們集中全部的精神力量去竭盡全力成就事業。

世間凡是有所建樹的人，都是因為憑藉了一種積極的、建設性的心態。是創造力、積極進取精神和激勵人心的力量支撐和構築著所有成就。一個精力充沛、信心十足的人總是創造條件使他心中的願望得以實現。他知道，任何事情都不會自動發生，所以他總是主動地推動事情的發生。

許多積極主動的人由於自信心的毀滅而變得消極被動。他們逐漸地對自己失去信心，這或許開始於別人暗示他們的無能，或開始於他們認為自己不能取得成就的想法，或者是他們認為自己不能勝任目前職務的想法。很快地，因為這種微妙的心理暗示作用，他們的創新精神被無情地削弱了，他們再也不像從前那樣滿腔熱忱、幹勁十足地去做任何事情了。於是他們就逐漸失去快刀斬亂麻、雷厲風行、果斷處事的能力，他們不敢處理一些重大的事情，事業心受到打擊。他們的思想很快就會變得動搖起來。所以，他們就不會像以前那樣成為領導者，而只能成為追隨者。

我們一定要從心裡堅信，我們的精神力量和思想力量可以幫助我們實現自己決定要做的任何事情。就是這種滿懷信心的期待能使我們集中全部的精神力量去竭盡全力成就事業。換句話說，我們所有的精神力量會跟我們的期待、與我們的決心保持高度一致。

我們渴求並決心要完成我們全力以赴的事情，這會在現實生活中為我們提供一幅我們必須努力使之實現的藍圖。這幅藍圖會成為人們心中的願望，這種願望將促使富於創造力的人們去實現自己的人生價值。

懷有偉大的期待和決意達到目標的人，根本不會在意成功道路上的障礙，因為憑著他的決心和勇氣，他總能順利地除掉妨礙成功的許多敵人，但這些敵人經常使得那些意志薄弱和優柔寡斷的人霉運不斷。

例如，如果我堅持認為和肯定自己是一個無關緊要的小人物，沒有地位和價值，自己比不上別人，一段時間後，我就會真的開始相信這一切，緊接著，我的「思想機器」開始複製這種

「無關緊要的小人物」的圖案。假如我流露出自己有不足的思想或有欠缺的思想，假如我流露出自己無能的思想，這種圖案就會不可避免地被編織進我的生活中，然後，我就會在我的生活中表現出懦弱、失敗和沮喪。

但是，如果我的想法截然不同上面敘述的，我能堅定地認為自己是宇宙中所有好事的繼承者，如果我堅定地認為所有好事都將屬於我，都將落到我頭上，就好像是我與生俱來就有這樣的權利，如果我堅定地宣稱具有高尚的品格，如果我堅定地宣稱自己完全可以實現偉大、崇高的人生目標，如果我堅定地宣稱自己擁有力量和健康，而跟疾病、弱點、混亂無緣，這種充分自信的心態就使得我的樂觀積極，極富創造力，這種心態就會非常有利於我們所渴望的事情，就會促進完成我們所渴望的事情。

建設性的思想表示健康和事業的成功，消極的思想意味著悲慘、疾病和眾多的痛苦。建設性的思想是人類的保護者，它能使人類免於各種痛苦、貧困和疾病。失敗者都是些思想消極的人，而成功者則都是些思想積極且極富創造性的人。

很多事情做不好，往往是因為我們在思想消極時說了「是」，而如果我們當時思想積極的話，我們就會在這些事情上說「不」。我們經常是在思想消極時做了虧本生意。同樣，我們思想消極時經常也會做出投資失策及各種各樣的蠢事來，因為我們這時的判斷是不完善的，所以經常漏洞百出。人在思想消極時是不適合邁出重要一步的，也不適合做出重大決定。

我們犯錯之時，我們不走運之時，我們栽跟斗之時，我們做出糊塗決定之時，往往也就是我們多多少少有點氣餒、沮喪之時，往往也就是我們心態不平衡之時。在這種情況下，我們願意竭盡全力地使自己的處境變得好一點，我們也願意使自己獲得一種確定感，希望徹底驅除盤踞在我們心頭的恐懼和擔憂。我們思想消極時，我們一定會失敗。

我們積極向上時，我們正在創造成就時，消極的、沮喪的、不健康的和混亂的思想根本影響不了我們。我們無所事事時，思想的消極方面，諸如恐懼、擔憂、焦慮、仇恨和嫉妒等就開始大行其道。因為積極的思想力量忙於創造業績，我們就不會為消極的、極具破壞性的思想所困。思想消極的人經常都是焦慮和情緒極度沮喪的犧牲品。

人應該理性地對待任何事情。人的心理能力絕不會盡心盡力，除非它們得到命令的指引。心理能力總是熱忱地回應我們身體發出的指令，但是它們反對一切隨便的方式。它們就像是戰士，必須有一個指揮他們的將軍和統帥。

面對任何事情都不應該膽怯，應該有良好的心態，有自己的獨立思想，從容不迫面對各種突發事件。很多人身上的這種習慣性的思考力量或習慣性的精神力量非常的微弱，使得他們沒有充分的精力集中心智去取得更大的成就。

我們第一次見到一個人時，不管他是誰，我們都能迅速地分辨出他的精神力量是積極主動的還是消極被動的，因為他說的每一句話都顯示了他的特質。

具有超凡力量的人，是思想積極的人。一些人的思想是如此地積極，如此地富有建設性，他們的舉止言行總是具有令人信服的力量，以致一般的人總是本能地聽從他們的號令。世界總是為最剛毅的人讓路。他的舉止言行懾服人心，他的話語具有令人信服的力量。

人們根本不會停下來去分析為什麼要跟隨這麼一位強有力的人物。人們總是本能地被具有超凡心智的人吸引。

我們經常會遇到一些陌生人，他們總是給人積極上進的印象，我們會立即覺得這種人一定會在事業上大獲成功，他們必定會為自己開闢一條成功的道路，必定會一帆風順。另一些人給我們留下意志薄弱、思想消極的不良印象，我們會認為他們是失敗者，認為他們無法為自己開闢出一條成功的道路。如果你想要取得一定的成就，你積極的心理能力必定要佔支配地位。

使人的一生取得持久的成功，是生活中最精湛的藝術。如果我們受到很好的教育和訓練，就很容易做到這一點。但實際上，因為我們的思想大多數時間都處於消極頹廢和無所事事的狀態，因為我們的心靈受這種消極思想的支配，我們根本無法成功。

在進入社會之前，大學生假如沒有得到有關積極或消極心態方面知識的訓練和教育，極可能在較短的時間內垮掉。他的懷疑、恐懼和自卑，他的卑怯和消極思想，他沮喪的情緒可能會徹底毀掉他那積極的和極富創造力的心靈，會使他的心靈變得消沉，而這種變化經常是在不經意之間發生的。

對於一個學生或一個年輕小伙子來說，學會怎樣使自己的心靈最富創造力；學會怎樣使思想始終保持積極的狀態；學會怎樣避免會帶來不良影響的事情，遠比他學會各種拉丁語系的語言、學會希臘語以及懂得世界上各門學問都要有意義。我們經常看到一些大學生總是無法成功，這主要是由於他們的思想為消極觀念所主導，創造極度缺乏。只需短短幾個月的時間去訓練他們的心理能力和完善他們各方面的承受能力，那些存在諸多缺陷和不足的人經常會從這種正確的思想中受益匪淺。他們從這種正確的思想中獲得的益處，甚至要比他們單純從整個大學課程中獲得的益處還要多。

積極的、建設性的思想十分有助於發展人的創造力，創造力就是人最重要的精神特質。如果你此時的思想傾向於消極，如果你感到自己現在缺乏創新精神，藉由養成一種對所有一切保持積極心態，你很快就會成倍的增強你的創造力。即使你在休閒、娛樂的時候，這一點也很重要。消極的思想總是使人變得脆弱和渺小。其實，即使是絕對順從的思想也比消極的思想要強得多，它與消極的思想之間存在本質上的不同。

不管我們給自己的心靈提供了什麼樣的圖案，我們的心靈都會將它編織出來。不管我們的理想充滿和諧還是混亂不堪，不管我們的理想是充滿真知還是謬誤百出，不管我們的理想是充滿勇氣還是膽怯害怕，我們的心靈都能將它再現出來。這種思想上的特點將會很快地再現在我們身上。事實顯示，不斷地確信自己已經成為自己所渴望的理想人物，這會對自己有所幫助。不要說你希望成為什麼人，而是你此時確實已經是你希望成為的那種人。你將會驚異地發現，你很快就扮演了你希望扮演的角色；你將會驚異地發現，你希望的東西經由你的不懈努力終於得到了。

只要我們心中堅持著自己所渴望的人生信念，只要我們有一幅健康、健全、完美的圖案，只要我們的心中有一幅沒有缺陷的理想人類的遠景，我們都會變得無比的偉大。

我們需要的就是保持奮發向上的精神特質，阻止和消除那些相反的精神特質，要不惜一切代價消滅妨礙和破壞我們創造力的所有思想敵人。

只要生長過程停止了，只要土壤、空氣、陽光、雨露中的化學因素不再作用於花草、樹木、植栽，那些有害的元素就會乘虛而入，腐蝕和毀滅就成了必然的事情。同樣的道理，一旦人類的發展和創造性因素處於劣勢，一旦人類對自身的進步失去信心，使人頹廢和沉淪的力量就會胡作非為，橫行無忌。

為使心靈免於遭受不良的影響，正確的心態也有非常有效的作用。例如，假如你堅決地排斥你被迫在一些邪惡的環境中所體驗感受的各種邪惡，你的這種態度將對那種邪惡力量產生一種難以估量的反作用力。

如果我們心中確立了一個明確的奮鬥目標，如果這個主要目標成了我們的一個生活習慣，如果我們竭盡全力、殫精竭慮地向著我們的宏偉目標奮力前行，我們一定能夠有所作為；很快地便會產生一股強大的潮流，這股潮流使所有事情都朝我們的方向流動。

我們必須注意會引起混亂的兩種思想逆流，一種仇恨、嫉妒和心胸狹隘的思想，一種是怨憤、邪惡的思想，因為所有這些思想都是我們內心裡潛伏的最大敵人。

製造混亂的所有事情往往都會抵消我們的努力。要想獲得成功，我們必須有和諧、平靜的心境，我們的思想必須自由。準確地說，我們所有的思想必須是創造性的而非破壞性的。勇氣、信心和決心之類的思想是獲得成功的不竭精神動力。

只要失敗的人能從心裡清除他們失敗的思想，就一定能取得成功。學會清掃思想垃圾，學會清除恐懼、焦慮和各種妨礙人進步的思想，學會使頭腦充滿朝氣蓬勃、充滿希望和催人奮進的思想，這是一門偉大而精湛的藝術，也是使人具有一種建設心態和創造心態的藝術。

積極暗示的影響力

一定要下定決心，不管發生什麼事，你都會保持快樂和平靜的心情，你都不會讓那些無關緊要的小事來愚弄你，你都會致力使你的心理狀態保持和諧與協調。

不管我去哪裡，我都無法擺脫自己。我總是被自己所包圍，總是被我的信念、我的理想所包圍，我總是被自我暗示所左右。

如果我的思想狹隘，我的生活圈子同樣也會很狹窄。如果我的思想虛偽、冷酷、毫無同情心，我也無法像別人一樣有寬廣的生活圈子，因為我使自己無法看到或無法覺察到他們寬廣的生活圈子。如果我的所作所為卑鄙齷齪、庸俗低級，我將會不可避免地自我封閉起來，我就會被局限在那渺小、卑鄙的思想中。

如果我是一個有可恥習慣的人，如果我們必須面對邪惡或可恥思想背後用以囿於我們的柵欄，如果邪惡的思想或可恥的想法侷限著我們，我就不能抱怨自己這種孤單、悲慘的情形。限制我行動的牢房的鑰匙被我的思想掌管著，限制我行動的牢房就是被我的薄弱意志力鎖住了。

儘管我們不能擺脫周圍的環境，但是藉由改變我們的思想，藉由改變對人生的態度，我們能夠讓周圍的環境得到改變。思想的性質會決定環境的性質。在同樣的環境中，我們能夠像生活在天堂中，也能夠像生活在地獄中，這種區別都是我們的思想使然。如今，眾所周知，有不良習慣的人如果決意不戒酒、戒毒或拋棄那些曾經奴役他們的可恥習慣，如果他們把那些壞習慣從生活中清除出去，他們的生活從此也會得到改變。

你的苦悶恐懼、焦慮、沮喪、憂鬱吞噬或耗費你百分之二十五、百分之五十乃至絕大多數精力時，你怎麼能讓自己取得更大的成就呢？你必須清洗你的思想敵人，不然，你將付出疲憊不堪或浪費精力的沉重代價。

即使事實上沒有絲毫根據，這種自我嫉妒的思想暗示也會沒有緣由地毀掉許多人。**嫉妒在人們心中製造的可怕恐慌，絕不會比犯罪行為製造的恐慌少**。嫉妒這種可怕的魔鬼導致了多少嚴重的破壞和災難啊！很多人格特質不好的人因為嫉妒而在短短的幾個月時間裡就被毀了啊！也有很多人多年深受這種無緣無故、莫名其妙的嫉妒的殘酷折磨啊！又有多少曾經和藹可親、本性正直的人由於思想、心靈受到嫉妒這個敵人的破壞，而犯下難以啟齒的罪行啊！

嫉妒之人總是以為自己受到嚴重的冤枉，總是懷有一種報復的思想，總是不擇手段地想從他的對手那裡討還「公道」，如果不置對手於死地，他不會善罷甘休。剛開始，他也許並不想這樣做，甚至認為也不可能這樣去做，但是由於懷有這種嫉妒的思想，他的心態失常了。他報仇的願望惡性膨脹，直到最終他的心態徹底失去平衡，並且犯下這種令人髮指的罪行為止。

如果這些擔憂的思想、焦慮的思想和恐懼的思想還在影響心緒，那我們的創造力將會減少很多。如果不斷地肯定自己有能力、充滿力量、極富才幹和富有成就——這些思想能塑造強者，你的精神動力就會得到突飛猛進的增強。

如果你的心緒不佳或混亂得一團糟，如果你感到煩躁不安，如果你不能跟別人相處，如果一些微不足道的事情就使你氣惱不已，你就無法和你的下屬或秘書和睦相處，你就會經常和他們吵架。如果你對周圍的人都抱有成見，如果你的大腦混亂不堪，如果你感到不能自制，你可以試試這條經驗：停下手頭的工作。從你的辦公桌邊站起來，把你正在做的事情棄置一邊，然後出門走幾個街區的路程，如果有條件的話，不妨一直走到鄉村去。然後，不再想那些擾亂和破壞你和諧與心理平衡的所有的煩惱事情。

多想一想那些美好的、和諧的事情，多想一想那些令人愉快的事情。一定要下定決心，不管發生什麼事，你都會保持快樂和平靜的心情，你都不會讓那些無關緊要的小事來愚弄你，你都會致力使你的心理狀態保持和諧與協調。

換句話說，你要決心做一個超然於生活瑣事之外的人。你要堅持對自己說：「對一個真正的強者來說，被一些瑣屑、愚蠢和微不足道的小事弄得如此難堪，搞得六神無主、方寸全亂是一件多麼荒唐的事情啊！」你要決心使自己以平靜的、從容不迫的和自信的心情回到你的工作崗位，你要決心讓自己有始有終地完成你的工作。如果條件允許的話，不妨在戶外實踐一下這種方法，深呼吸幾口新鮮空氣，你一定會精神飽滿、脫胎換骨地重新再步入你的工作崗位上。

你將會發現，花一點時間讓自己保持各方面的協調將會有多麼豐厚的回報。不管你什麼時候失去協調，你都要終止手中的工作，你對任何事情都置之不理，直到你成為你自己，你找回失去的自我時為止，直到自我又回到你的心靈為止。

自我溝通的藝術

要堅持對自己說一些催人奮發、鼓舞人心、使人勇敢、堅毅起來的話語，為自己打氣。你就會吃驚地發現，這種自我暗示多麼迅速地就使你重新鼓起勇氣，使你重新找回自我。

你如果想把自己全部的才能都施展出來，你就應該使一切事情恢復正常，你必須嚴厲對待自己或嚴格要求自己，你就應該好好地和自己談談，深刻地反省自己。

只要你開始從事一件事情時，不妨對自己說：「現在，我做這件事是最恰當不過了。成功是屬於我的，在這件事情上，我或者表現出勇氣，或者只能陷於懦弱，我根本沒有退路。」

堅持對自己說一些催人奮發、鼓舞人心、使人勇敢、堅毅起來的話語，為自己打氣。你就會吃驚地發現，這種自我暗示多麼迅速地就使你重新鼓起勇氣，使你重新找回自我。

有這麼一個人，他就是透過和自己誠心誠意地探討自己的行為舉止而受益的。他感到自己沒有做他必須做的事情時；當他感到自己犯了一些不可原諒的錯誤時；當他感到在什麼交易中沒有充分利用好自己的良好感覺、豐富經驗和敏銳的判斷力時；當他感到自己的精力和抱負逐漸頹廢時，他就會獨自一人去鄉村，如果條件允許的話，他會獨自一人去森林，他會按照這種方式跟自己進行內心的交流：

「年輕人，現在你需要全面地和自己談談，你需要全面地振作起來。你正在變得落伍了；你的能力開始下降了；你開始變得麻木了。最壞的事情就是當你的工作很不順心的時候，或者說，當你對你的著裝打扮和行為舉止上的缺陷毫不在乎，表現出一副無關緊要態度的時候，你卻不像過去那樣感到事態嚴重了。你沒有竭盡全力，如果你不嚴加警惕，你的懶散、你的惰性、你的這些糟糕表現，將會嚴重地威脅你的未來。你錯過了很多好的機會，因為你不具備應該有的那種積極進取、緊跟時代發展潮流的精神。」

「你的理想必須重新擦拭，因為它們已經蒙上了灰塵。也就是說，你對自己的要求不那麼嚴格了。到目前為止，還沒有哪個懶惰無比、放鬆對自己的要求、讓自己的抱負煙消雲散的人取得什麼引人矚目的成就。年輕人，現在，我打算緊跟在你的身後監督你，直到你能夠正確地對待你自己時為止。這種『放鬆自己』的哲學絕不可能使你達到你所理想的目的地。你一定要認真地檢查自己，否則，你就會成為時代的落伍者，你會被別人所取代。」

「你肯定會比現在做得更好。從現在開始，你就應該有這種堅強的決心，你就要從你的工作中得到比以前更大的回報，你必須比以前更加努力地工作。你必定會成為一個成功者。要使今天成為一個值得紀念的特殊喜慶日子。振奮起來，清除你頭腦中的各種落後觀念，掃掉積在你大腦中的思想塵灰。冷靜下來思考，直到達到你心中的理想！不要萎靡不振、沒精打采地過日子。如果是這樣，你就與行屍走肉沒有什麼區別，你立刻開始行動吧！」

這個年輕人說，每天一大早起來，如果他發現自己的標準下降了；如果你感覺到自己有點懶散和平庸，為了強逼自己達到一個更高的標準，為了使自己每一天的心情都安靜，他會像他所說的那樣「責備自己」。這是他一天的頭等大事。

他不斷地責備自己的懶散、無能和精力不足。他對自己說：「趕快振作起來。使今天成為一個重要的日子。不要讓任何機會溜走，緊緊抓住，盡量利用今天的每一種可能成功的機會。儘管去承擔十分艱難或十分令人不快的責任，如果這種責任中有寶貴的教導，如果這種責任能讓你更具能力讓你更加自信的話，你就應該主動承擔責任。不要逃避任何對你有幫助的事情，不要逃避任何能夠讓你變得更為強大的事情。」

他總是要求自己先承擔起最令人不快的任務，他拒絕自己逃避困難。「不要害怕，」他告訴自己：「假如別人能做的事情，你也能做。」

經過數年的嚴格訓練，他取得引人矚目的成就，他開始時僅僅是一個生活在紐約貧民窟的窮苦孩子。沒有人對他感興趣，也沒有人鼓勵他或支持他。雖然在孩提時代時他沒有多少機會接受正規教育，但是從二十一歲開始，他就使自己受到良好的教育。一直以來，他利用夜晚的剩餘時間，利用他的假日，利用他閒暇的零星時間，苦苦鑽研一個又一個問題，並依次弄清了這些問題，並且後來變得對這些問題十分精通，一直到他成為一個知識淵博、多才多藝的人。我從來沒有看到過任何人像這個年輕人一樣，為了爭取自己的成功、進步、教育和修養，不斷地激勵自己。

你們這些天天心事重重的人，你們這些多年遭受不幸經歷和被憂鬱這個惡魔無情折磨的人，不妨停下來歇一歇，並問問自己：「難道我一定要花費生命中這麼多年的時間去擔憂和焦慮嗎？多年以來，我從來沒有睡一個安穩覺，我大多數的時間都被這些破壞我的舒適、機會、幸福、成功和健康的可惡敵人弄得痛苦不堪。」

「你應該清除積澱在你大腦裡面的各種痛苦因素，你有二十五年或更長的時間都一直受到擔憂的奴役和焦慮的折磨。你總是擔心各種不可能發生的災難和事故，你總是擔心可能的金融危機。自從你長大成人後，你沒有一刻心平氣和過，你一直都很痛苦。要知道，滿意或滿足是每個人與生俱來就該享有的權利。」

你惶惶不可終日，總是在這種擔心的恐懼中急促地呼吸著，這只是一種痛苦的煎熬，而非生活的完整意義。

每當你感到恐懼襲上心頭時，一定要竭盡全力迅速地將它拒之於心靈大門之外，並運用無所畏懼和沉著自信這劑良藥。想像你自己是戰無不勝。索性對你自己說：「我不是懦夫。只有懦夫才會感到害怕、畏縮和怯懦，但我是勇士。害怕是孩童脆弱心理的表現，而成人是不會害怕的。我堅決拒絕屈就這件使人蒙羞的事情。恐懼是一種不正常的心理過程，但我是一個正常人。恐懼無法影響到我，因為我沒有恐懼的思想。我拒絕恐懼毀了我的一生。」

事實上，世間沒有主宰人們浮浮沉沉的命運。「我不聽從命運的安排，我主宰自己。」人若敗之，必先自敗。承認自己不如別人，沒有別人優秀，自願充當低等角色的人真的會成為低等的人，因為他認為全部好事都是屬於別人的。而這全是胡說八道。世界屬於能征服它的人，好事也屬於那些能憑藉理想的力量和堅強的決心去獲得它們的人。

只有那些滿懷積極進取思想的人，那些使自己充滿樂觀思想的人，以及滿懷希望的人，才可以說是解決了人生的一大疑團，才可以說是真正走出了人性的陷阱。

第八篇

高貴的個性

人生成功與意志力

意志力的發展對於一個人的成功有舉足輕重的作用。沒有人能夠測試一個的力量。意志力也像創造力一樣，它植根於人類偉大內在力量的泉源之中。每個人都存有來自於自我的力量，這就是意志力。

愛默生說過一句話：「磨練意志是我生存下去的目的。」如果考慮到人性的本質，這種說法是十分正確的。約翰・史都華・密爾也曾經說：「性格是意志力的展現。」

一般說來，意志力的發展對於一個人的成功有舉足輕重的作用。沒有人能夠測試一個的力量。意志力也像創造力一樣，它植根於人類偉大內在力量的泉源之中。每個人都存有來自於自我的力量，這是意志力。

正確的決斷力、驚人的創造力和堅強的意志力造就了永載史冊的偉大成就。對威爾伯福斯、加里森、古得伊爾、賽勒斯・菲爾德、俾斯麥和格蘭特來說，正是意志的力量——不管是溫和的或者是嚴厲的，還是愛好寧靜的或者好戰的——造就了他們永不屈服的性格。他們說到做到、不畏艱險。任何艱難險阻都阻擋不了他們。很多人沒有成功，不是由於教育不夠，也不是因為能力缺乏，而是沒有果敢的決斷力和堅強的意志力。

正如沙曼所言：「如果沒有深刻體會到意志力的培養對於我們的人生的重要意義，我們無法看透人生的本質，選擇正確的方向就是空談了。」年輕人要有意識地去培養這種意志力。為了獲得健壯的體格，我們必須進行體能訓練；同樣，為了使我們的人生更成功，我們磨練自己的意志力是絕不可少的。

馬修斯教授曾經這樣說過：「唯有夜以繼日、堅持不懈的努力，才可以培養出我們堅強的意志力，使我們面對一切困難的挑戰。這個訓練的過程是循序漸進的過程，而最終使意志力達到較高境界所需的時間每個人都不一樣。但是，培養這種堅強的意志力所花費的血汗和代價，與這種意志力對我們一生的巨大價值相比，相差有多遠啊！」

赫胥黎教授也說：「教育最有價值的結果，就在於它能夠使你去做你應該做的每一件事，這些事也許你喜歡，也許你會厭惡；在我們接受啟蒙教育時這應該是必學的第一課，並且應該貫穿我們學習的始終，也成為最後的一課。」

這是一本
成功學的絕對經典

有人曾經這樣問亨利・比徹：「你能夠比別人取得更多的成就是因為什麼呢？」

他回答：「其實，與別人相比，我所做的事情少得多，很多人做事的時候，總要重複三次：第一次是預先評估；第二次是付諸實踐；第三次則是回顧檢查。而我是把每件事只做一次而不是三次，那就是付諸實踐。」

比徹先生處事方法是多麼地明智。在一定的時間內，他依靠堅強的意志將注意力完全集中在自己所做的事情上。只有成功完成此事後，他的注意力才會投到其他的工作中。仔細地觀察那些商界成功人士，我們就會在他們身上發現這種特質。因此，能夠把我們所有的精力都集中在一件事上，把那些游移不定的注意力都匯集到一個定點上，是成功者們的一大秘訣。

可是，事實上很多人的精力正在白白地消耗掉。如同正在漏水的鄉間小水壩一樣，水大多數都會從水壩的縫隙間流走，而不是流過水輪化為可以在磨坊中做功的能量。許多壞習慣，比如：注意力不集中，對於瑣事的無謂擔心，焦慮和猜疑情緒，都會不斷地浪費我們的精力，使成功的可能性降低。因此，對於我們來說，學會如何將自己所有的精力都集中到最關鍵的一點上，而不是任其白白消耗，這是非常重要的。

年輕時一個人如果沒有學會將他的努力和精力集中使用的話，在任何事情上他都難以取得顯著的成功。假如一個人想在同一個時間去做過多的事情時，這種精力的浪費是令人驚訝的。

除非他有三頭六臂，否則無法處理頭緒繁多的事情。如果人們能夠盡早地意識到這一點，並且按照比徹的方法去做，就會加快成功的步伐。所以說，我們必須珍惜自己的精力，集中自己的力量。

有一家公司的經理本來有機會成為鎮上兩家頂尖銀行的主管，但是他放棄了。這位年輕人才華橫溢，他談及自己放棄這個機會的原因：「把精力分散在太多不同的工作上，很難取得像原來那樣巨大的成功。只有專注於同一個目標時，才可以最終有所作為。」因為他明白，真正具有巨大價值的不是他在同一時間內完成工作的數量，而是那種堅忍不拔、始終如一的注意力集中在一點上所能產生出的巨大效力。正是這種頑強的意志力，賦予生命真正的意義。

「在困難面前，如果沒有非凡的意志力使注意力始終集中到一點上，誰都難以成功。如果缺乏這種意志力，其他的能力再強也毫無用處，因為意志的力量是關鍵性的。對一個具有堅強意志力的人來說，就算他智力平凡，透過始終如一地專注於同一件工作，也可以取得成功。」

「在普通人看來，天才的力量是那麼的耀眼，可是他們忽視了天才背後隱藏著的堅韌。」

對於許多人來說，那些支離破碎的努力假如能夠都緊密聯合起來，集中到一點，他們肯定能取得成功。然而，如果只是憑著一時的衝動而進行一些毫無目的、分散方向的嘗試，沒有在統一、確定的目標指導下進行努力，這種人終將失敗。因此，可以這樣說，持續而專一的目標本身就注定了最後的成功。

狄奥多・凱勒博士曾經說過：「大多數人都沒有一種持之以恆、不達目的誓不罷休的精神，這讓人十分遺憾。這些人雖然有一種衝動的激情，但是卻沒有應有的毅力，因此他們十分脆弱。只有所有事情一帆風順的時候，他們才可以展開有效的工作；一旦碰到挫折，他們就會垂頭喪氣，失去信心。他們的精神寄託和動力泉源都來自於那些強者，他們本身缺乏足夠的獨立性和創造力。因此，這種人情願循規蹈矩，寧願去做那些別人做過的事情，從來不敢標新立異，獨樹一幟，無畏地去對新事物發起挑戰。」

戰場上的意志力

聖女貞德取得成功的秘密不僅在於她有傑出的領導才能，而且在於她有鋼鐵般的意志力——相信自己肩負著神聖的使命。

在這個世界上，鋼鐵般的意志力創造許多不可思議的奇蹟！它把很多不可能的事情都變成現實！它使得拿破崙在冰天雪地的寒冬翻過了阿爾卑斯山；它使得法格拉特和杜威衝破敵人的大炮、地雷和水雷的阻擊；它使得納爾遜和格蘭特大獲全勝；它是世界上所有發現、發明和藝術的最偉大動力；它使得人們在戰爭中獲得了無數巨大的勝利；它使得人類取得無數曾經被認為是不可能的科學成就。

聖女貞德取得成功的秘密不僅在於她有傑出的領導才能，而且在於她有鋼鐵般的意志力——相信自己肩負著神聖的使命。

是堅強的意志力使得納爾遜控制了英國艦隊，不僅僅是獲得一個頭銜，在倫敦的特拉法爾加廣場上還樹起了他的一座雕像。**他說：「我對戰鬥的決心和信心猶豫不決的時候，我會義無反顧地去選擇戰鬥。」**這正是他性格特徵的真實寫照。

賀雷修斯和兩個同伴與九萬托斯卡納軍隊不斷周旋，直到炸毀通往台伯河的橋時；賽米斯塔克離開希臘的海岸擊退波斯人的無敵艦隊時；溫克爾里德用軀體擋住奧地利人的長矛，為他的戰友衝出一條血路時；惠靈頓轉戰各地而戰無不勝時；內伊無數次地把戰場上惡劣的戰局轉變為輝煌的勝利時；謝里丹在北方聯邦軍撤退時從溫徹斯特趕來，為聯邦軍反敗為勝時；謝爾曼得知他們的領袖即將趕來，用信號通知他的手下堅守陣地時……這一切得以實現都是意志力所引起不可估量的作用。

歷史的舞台演繹了無數這樣驚心動魄的例子，這些人抓住難得的機會，取得那些缺乏意志力的人不可能做到的成就。果斷的決策和全力以赴的行動征服了世界。

巴黎發生暴亂，政府萬分恐慌之時，一個人站出來說：「我知道有一位年輕的軍官可以控制這場暴亂。」

「趕快叫他來。」當權者命令道。

拿破崙接到了命令，他來了，他平息了暴動，征服了當權者。然後，他統治了法國，接著征服了歐洲。

一七九六年三月十日，拿破崙面對奧地利人的進攻，在羅迪架起橋樑，法國軍隊在橋頭集結。他的後面是六千人的龐大軍隊。拿破崙在橋頭集合了四千個榴彈兵，前面又布置三百個槍手。戰鬥一開始，最前面的士兵在一片散彈的爆炸聲中衝過了街牆的掩護，剛要通過大橋的入口。但突然間，衝在最前面的士兵紛紛倒下，如同大海的波浪一般。緊接著，整個法國軍隊停止了前進，有人甚至開始後退，英勇的榴彈兵被眼前的情形嚇得不知失措。

拿破崙一言不發，他撥出戰刀親自衝到隊伍的最前面，他的助手和將軍也衝到了他的身旁。在拿破崙的帶領下，這支隊伍跨過前進道路上的士兵屍體快速前進，僅用了幾秒鐘就逼進了敵人，奧地利人猛烈火勢無法阻止法軍快速前進的步伐。在奧地利軍隊的士兵眼中，法軍前進的速度實在是太快了。

奇蹟發生了，奧地利的炮手放棄抵抗，他們的後備軍也沒有膽量衝上前與法國士兵交戰，他們潰不成軍。於是，拿破崙征服了奧地利。

儘管尤利西斯·格蘭特一開始是一個默默無聞的年輕人，既沒有錢又沒有號召力，既沒有擁護者又沒有很多朋友。然而，比起拿破崙長達二十年的戰鬥生涯，他在六年的戰爭中經歷過更多的戰役，贏得了過更多的勝利，取得過更多的戰功，獲得過無數的榮譽。林肯總統評價他時這樣說：「他之所以偉大，在於他超常的冷靜和鋼鐵般的意志。」

西班牙人在聖胡安山燃起的戰火使得民不聊生，一些人開始詛咒他們。一位勇敢的領導者伍德上校在槍林彈雨聲中大聲叫喊：「不要詛咒——去戰鬥！」

在薩拉曼卡發生的一場激戰中，威廉・內皮爾的部隊遭到敵人暴雨般的攻擊，他的手下變得不知所措。他立刻下令停止前進，在敵人的槍林彈雨中，他鞭打四名手下軍官。這些人的勇氣立刻被激發，在猛烈的炮擊聲中前進四英里，其神態之鎮定自若，如同平常接受檢閱一樣。

另一個故事是，帕利什爾這位年輕的領袖用鞭子抽打一位軍官時，這個軍官憤怒地開了一槍，然而子彈卻沒有擊發。帕利什爾冷靜地說：「我要關你三天禁閉，因為你連自己的武器都沒準備好。」

有堅強意志力的人，在危險時刻總是能保持鎮定自若。

強大意志力往往能在個人英雄事蹟中表現出來，這一點也正是惠勒將軍在輝煌的戎馬生涯中取得成功的基礎：他二十三歲成為中尉助理；二十四歲成為陸軍上校；二十五歲成為陸軍準將；二十六歲成為陸軍少將；二十七歲成為軍隊司令官；二十八歲成為副總司令。

惠勒將軍騎過的馬有十六匹死於戰鬥中，更多的馬受了傷。敵人的子彈經常射中他的馬鞍裝備和軍服。他多次負傷，其中一次更危及生命。他手下的三十二名軍官與副官受過傷，其中

一生的財富

有的人英勇犧牲，幾乎每次這些人就在他的身旁。可以說，沒有哪一個人比約瑟夫・惠勒離死亡更近。

困境造就成功者

每個人神奇的身體裡和意識深處，都蘊含著巨大的財富，但這些財富只有透過每個人自身的努力才可以挖掘出來。

難道上帝賜予每個人的財富是有差別的嗎？難道我們不是生來就很富有嗎？對於一個人來說，如果他具備強健的體魄、美好的心靈、健康的思想和完備的四肢，他就是一個富有的人。上帝總是盡其所能，賜予每個人傑出的天賦。因此，每個人神奇的身體裡和意識深處，都蘊涵著巨大的財富，但這些財富只有透過每個人自身的努力才可以挖掘出來。

澳洲人詹姆斯・塔森十分高大，身高六・四英尺。他擁有兩千五百萬美元的財富。他嘗試了一段時間的農民生活，不久後就去世了。塔森對金錢十分輕視，他常這樣說：「當我離開這個世界時，金錢會被我丟在身後，因為它們對我沒有一點用處。」而且，他會十分輕鬆地說：

「金錢代表不了任何東西，它不過是供人娛樂的遊戲工具而已。」

有人這樣問他：「你認為還有什麼東西比金錢更重要？」塔森就會用十分專注神情回答說：「我認為，那就是我曾經做過的工作：征服沙漠。我曾經用我畢生的精力與沙漠鬥爭，最終我勝利了。我把沙漠變成綠洲，使牲畜能夠在那裡生存；我在沙漠中修建了要塞和公路，我所做的一切每個人都看在眼裡。當我去世，逐漸被人們遺忘以後，無數的人將會從我所做的事情中受益。」

自強不息的精神，使無數人取得偉大的成就。可是許多年輕人總是躊躇不前，萎靡不振，無法把握自己的目標，原因在於他們總是在等待著幸運降臨到自己的頭上。但是，每一種成功都需要艱苦而持久的努力才可以取得。它不能弄虛作假，它需要人們的付出。只有持續奮鬥，在逆境中尋找成功的影子，最終才可以取得輝煌的成就。

班傑明・富蘭克林對目標有一種非凡的執著精神。他在費城創辦印刷廠的時候，他用一個小推車在街上運送物資。他租了一間房子作為他的辦公室、工廠和臥室。後來，在費城，他遇到一位強大的對手。有一次，他把那個人請到他的那間小屋中參觀，用手指著半塊作為他的午餐的乾麵包說：「假如你不能比我生活得更簡樸，你就不可能超過我。」

他的這個做法正如埃德蒙・伯克所說：「那些與我們競爭的人使我們的意志更堅強，技能

更熟練。因此，我們的對手不一定是我們的敵人，反而是我們的恩人。」

賽勒斯・菲爾德曾經設想，要在大西洋底鋪設海底電纜，使得歐洲和美洲大陸可以建立有線通訊。儘管提出這個構想時，他已告別頗有成就的職業生涯了，但是他仍然全神貫注地投身於這個偉大的事業。這項工程的困難令人難以想像，包括紐芬蘭島上的大片原始森林、遊說國會提供資助、缺乏維護長距離電纜的經驗、電纜在深海中不斷地折斷、電流無故中斷，然而所有這些都沒有動搖菲爾德那堅強的意志，人類偉大的心理力量使他最終獲得了成功。

我認為《紐約論壇報》創始人賀拉斯・格里利艱辛的創業故事，可以寫入每一本成功教科書中。

詹姆斯・布魯克斯曾經是《每日快報》的編輯和所有人。後來，他當過議員。但最初，他只是在緬因州一家小商店當職員。在他二十一歲時，他得到一桶新英格蘭甜酒，這是他第一份工作的收入。但是他一直想進大學學習，他背著箱子一個人到了沃特維爾。直到大學畢業，他仍然一貧如洗。

詹姆斯・貝內特在他四十歲的時候把他所有的財產——區區三百美元拿了出來，在一間簡陋的小屋中開始他的事業。一張木板搭在兩個圓桶上就是辦公桌，而他自己既當打字員，又當勤雜工；既當出版商，又當記者；既當小職員，又當編輯；既當校對者，又當印刷工。從此，他開始創辦《紐約先驅報》的漫漫歷程。起初，他試圖沿襲一般的做法，但失敗多次後，他決定走出一條自己的路。正如溫德爾・菲利普斯所說：「失敗是什麼？失敗是走向成功的開始，是邁向成功的第一步。」每個成功者事業早期的經歷都印證了這句話。

具有五十七年報業經驗的資深人士瑟洛・威德，他堅強、敏銳、和藹、機智，具有強壯的體格。在紐約州，當地公共政策的制定受他的影響很大，這段有關他少年時代的傳奇故事是他向我講述的。

「我在卡茲基爾上了多久的小學已記不清了，也許不到一年，但一定沒有一年半。那時，我只有五、六歲。很小的時候，我就感到家裡非常貧窮，因此我就努力去找一些事情做，想養活自己。」

「在一家製糖廠，我找到第一份工作。對於這份工作，我十分投入。現在，每當回憶起在槭樹林中採糖汁時度過的日子，我覺得很愉快。那時唯一的不足就是我沒有鞋穿。當時的冬天雪非常厚，沒有鞋的確有些麻煩。有時，我在腳上裹上破舊的毯子，才感覺好一些。然後，我還在樹林中砍樹，收集糖漿。直到春天，積雪開始融化，雪中露出土地的時候，我才將那些腳上的舊毯子扔掉，赤著腳去做我的工作。」

「對於製槭樹糖的童工來說，空閒時間挺多的。如果能夠找到書的話，這些時間我都用來讀書。但是，那時的農民除了聖經很少有其他書。我只能想盡方法地去借書。」

「有一次，我聽說三英里外的一個人從更遠的一個人那裡借了一本很好看的書。於是，我就赤著腳，踩著積雪去向他借這本書。在雪已經融化的地方，我就在那裡停下來暖暖腳。有時候，有一段比較長的路沒有雪，走在那裡是我最大的享受。那本書正好還在他家裡，我對他許諾一定好好保護這本書，不把它弄壞、弄髒。於是，從那個善良的人那裡，我借到這本書。回去的路上，我抱著這本書，竟然忘了自己正赤著腳踩在雪裡。」

「那時，蠟燭也是一種奢侈品。如果小孩子在天黑時不睡覺而是想讀書，他只能藉助於壁爐中燃燒松枝的光亮，趴在地上去讀書。在這樣的環境裡我讀完了那本借來的書的，那本書就是《法國革命史》。」

接下來，威德去了奧隆德加的一個鋼鐵鑄造廠工作。「我的工作是獨立地鑄造、打磨和準備模子。這種工作沒有休息。雖然我們每天的三頓飯只是醃肉、黑麥和麵包，睡覺的床也只是稻草鋪床，但是在熔鐵爐邊的那種令人興奮的工作我特別喜歡。」

學習印刷業的時候，他又換了一個地方，每天要從早晨五點一直工作到晚上九點。

賀拉斯．布希爾有一句名言：「一個人遇到的困難越大，他生活中的前進動力和激勵力量就會變得越強有力。」

類似於威德和格里利的故事在美國常有，許多非常顯赫的人物起初都曾貧困進行過艱難地鬥爭，並最終他們總是戰勝了貧困。

天文學家開普勒的名字值得人們永遠銘記。在他的有生之年，他從沒有鬆懈過，一直孜孜不倦地探索著天象的奧秘。開始時，他的生活也很艱難，做過各種各樣的服務工作以維持生計，包括編寫曆書。只要有人肯出錢，他就願意為他工作。

瑞典博物學家林奈在上學期間也很貧困，他甚至到了用紙來補鞋的地步，而且經常需要朋友們給他資助生活。

在獲得最大發現的十年中，艾薩克・牛頓作為皇家學會的會員，付不起每個星期二先令的會費。他的一些朋友打算免除他繳納會費的義務，但是牛頓沒同意。

法拉第的導師、著名化學家漢弗萊・戴維學習科學知識儘管很少，但是他的勇氣卻十分罕見。為了成功，他在做實驗時甚至把舊的鐵鍋、水壺以及瓶子都用上了。他的試驗和研究很多都在他工作的藥店的閣樓上開始的。

喬治・史蒂文生的父母十分貧寒，他們家有八個孩子，卻只有一間房子住。喬治不得不與牲畜為鄰。但是，他卻擠出時間來用泥土製造發動機，用草稈作管子。在十七歲時，他已經擁有了一台發動機，並且讓他的父親來控制。他既不知道閱讀，更不知道寫字，但是發動機是他的老師，他是一個忠實的學生。在假期中，當別人在酒吧中虛度光陰時，喬治卻在拆卸、清洗和研究他的機器，做有關發動機的試驗。改良了發動機一舉成為遠近聞名的大發明家時，那些整日虛度的人說他只是幸運罷了。

這些人之所以取得成功，完全是腳踏實地的埋頭苦幹和不屈不撓的意志力的結果。

「我們走過的路鋪就了我們的成功，我們掌握的能力讓我們取得勝利。」

改變環境的力量

一件小事經常可以真正激發一個人，也許是有時讀了一句格言、聆聽了一場講演；或是讀到了很好的歷史故事、看了一本激勵人心的好書；或有朋友的鼓勵和信任，被別人發現我們隱藏的潛力。

生活環境對一個人樹立理想和取得成就有重要的影響。周圍的環境是愉快或是和諧的，身邊的朋友經常是啟發激勵或是反對打擊你，都對你將來能否取得成功有至關重要的作用。

我們一定程度上瞭解一個人的期望和意願時，我們才可以與一個確實有抱負的人交往。在這個過程中，一些親密友人的特點會在我們身上自覺地表現出來，那是因為他們在我們身上留下痕跡。我們自己可能不知道，但是別人會察覺到這一點。

在印第安人的學堂裡，曾經刊登一些印第安青年的照片，他們畢業的神情與他們剛剛從家鄉裡出來時的神情簡直相差得太大了。在畢業照片上，他們一個個服裝整齊、滿臉智慧，雙目炯炯有神，顯得才華橫溢、氣宇軒昂。看到照片中的他們，你一定會相信他們將來能做出偉大的事業。但是，回到自己的部落，奮鬥一些時日之後，很多人就不能保持他們的新風貌，慢慢地又變成原來的面目。但也不是全部這樣，具有堅強意志的少數人，還是有抵抗墮落的能力。

和很多失敗者一交談，你就會發現他們失敗的原因，就是因為沒有良好的環境，因為他們的環境根本不足以激發人、鼓勵人，因此他們的進取心從沒有被激發過，他們沒有抵禦不良環境影響的力量。

那些有過人智慧和強健體魄的年輕人，看似能成就一番偉業，卻過著普通人的生活，十分平庸。原因就是他們的能力沒有完全被激發出來，甚至完全被忽視了。**他們對別人的成功一直漠視，更不去想自己有成功的可能。**

做任何事情，你都要不惜一切代價保持昂揚的鬥志，設法使自己時刻處在可以激發自我潛力的氣氛中。與那些瞭解你的人經常交往，接近那些信任你、幫助你、鼓勵你發掘潛能的人。多認識具有同樣雄心壯志的朋友，他們會給予你精神上的支持，鼓勵你去做力所能及的事情。你是成功還是平庸，是否有幾個這樣的朋友是十分關鍵的。我們都是粗糙的鑽石，周圍的環境不斷琢磨我們，使我們發出耀眼的光芒。有些人一輩子都沒有機會打磨自己的輪子，所以他們也顯現不出隱藏的光彩。雖然許多粗糙的鑽石蘊含著驚人的美麗和巨大的價值，但是它們可能被永遠埋沒了。同樣，與人類本身的潛能相比，任何人的潛能都難以得到完全的、百分之百的發掘。

一件小事經常可以真正激發一個人，也許是有時讀了一句格言、聆聽了一場講演；或是讀到了很好的歷史故事、看了一本激勵人心的好書；或有朋友的鼓勵和信任，被別人發現我們隱藏的潛力。

我認識一些人，他們沒有進取心和抱負，過著消極頹唐的生活，但是閱讀了一本激動人心的書籍之後，他們在惡劣的環境下激發了內在的潛能，不到幾個月就產生巨大的變化。

初到城裡的農村男孩，他的雄心經常第一次被激起。在他看來，大城市如同一個世界博覽會，展示著每個人的成就。整個城市中彌漫著的積極氣氛像一道電流，激發出了他的全部力量和潛能，所有事物好像都在召喚他努力向前。

城市的環境讓他知道，別人做了什麼、完成了什麼。他看見了龐大的工程、很大的工廠、高聳的辦公大樓、繁榮的商業和所有人類成果的巨幅廣告。這時他胸中燃燒的雄心在刺激著他——我必須成就一番偉業。

進取心還可以互相感染。一個人在餐廳、俱樂部或是其他地方如果遇到別人，聽到別人的成功事蹟、巨大成就，他會立刻捫心自問：「我怎麼沒有做到這樣呢？我為什麼不能做到這一點？」如果他動了腦筋，他接下去還會說：「我也一定可以做到。」這時，他便會帶著新的目標、新的想法，帶著對成功可能性的新的理解，重新投入到自己的工作中。

很多年輕的鄉村企業家開始時總遇到過不少困難。但當他們拜訪了大城市的同行後，他們獲得了巨大的動力。真正成功的大企業刺激了他們的進取心，他們回到鄉下以後，有了新的目標，努力地重新做起。

專業人士身上也發生過這樣的事情。年輕的鄉村醫生參觀城市醫院、參與治療、見習著名外科醫生的手術，在他回去後，他產生要在該領域出人頭地的雄心壯志。

小城市商人缺乏競爭力，因為他們很難與同行中的佼佼者接觸，所以他們總是循規蹈矩、停滯不前。這樣，他們的理想自然就會暗淡下來，潛力也難得到應有的利用。他們重複做那些簡單的事情，每一天都在原地踏步。在意識到這個問題的嚴重性之前，他們早被淘汰了。

一旦與那些理想高遠、對工作全力以赴的人，或是與那些和巨大困難做艱苦鬥爭的人相處很多的話，我們就很容易對那些可以去做的事情報以熱情和興趣。

缺乏對雄心壯志的足夠激勵是小城市和鄉村的一個缺點，許多住在偏僻鄉村的人難以衡量自己的能力。他們與世無爭地生活，周圍環境中沒有任何東西可以刺激這些缺乏生氣的人們。

如果你想有所成就，向成功者學習來增加自己的經驗是一個好方法。你會發現，思考人生目的是成功者時常思考的問題，這將指引著他的目標，引導著他的夢想。他會言行一致，他的整個生活都被理想支配著。他會研究法律、醫學、工程或製造。他的大腦非常靈活和富有創造性，這樣對所學的新知識他們會十分有興趣。如果他正在學習法律，就會經常思考法律問題，想像著自己正在進行辯論或正在為客戶提供諮詢意見。

我認識一個人，他說他不會給「消沉的想法」任何的機會，在他的腦子裡，情緒低落、心態消沉就是失敗。這樣的人他也絕不交往，因為這樣的人會給他帶來不良的影響。

我們必須承認這是事實：在不知不覺中，我們總是受到周圍環境的影響。物以類聚，人以群分。成功者總是與成功者交友，失敗和失敗者也常為伍。不幸的人結合不幸的人，散漫者的朋友也都是散漫的人。

一個年輕人離開學校時，他們總是對未來滿懷希望，朋友們也想像他有美好的未來。但後來，在學校生活期間培養的激情沒有了。本來，學校的環境促使他們帶著幻想，激勵他們滿懷雄心壯志地去實現他們的期望，使他們成就一番偉大的事業。但是，離開這個催人上進的環境，熱情和理想就會慢慢消失。隨著環境的改變，隨著夢想的枯萎，他們變得平庸和絕望。

對一個年輕人來說，什麼惡劣的環境都是可以改變的。林肯、富蘭克林、弗雷得・道格拉斯、約翰・沃納梅克、馬歇爾・菲爾德和其他數以千計的年輕人把他們身邊令人沮喪的環境都改變了。同樣，這一點你也可以做到。

最大的問題經常是，很晚的時候我們才發現自己潛能。所以，在年輕時激發自己的鬥志太重要了，因為這樣我們就能抵抗周圍不良環境造成的影響，發掘我們生命的最大潛能。

奮力實現生命的價值

我們努力奮鬥去實現自己的雄心壯志，沒有什麼東西可以如此地堅定我們的意志。它引導我們去追求更高的目標，把更加美好的事物帶進了我們的世界。

我們周圍常有這樣的人，他們一生都過著極平凡的生活，他們似乎不太願意追求更美好的生活，但實際上他們完全有能力做出一番事業來。

許多人沒有足夠的進取心來開創偉大的事業。因為他們沒有很高的目標，所以不可能從平常的生活中開創一項偉大的事業。生活目標的狹隘限制了他們去開創偉大事業的進取心。

米開朗基羅寫在拉斐爾工作室的一個精巧塑像下面的那句話：「做一個更了不起的人」，這句話是對年輕人很好的忠告。我建議每個年輕人都把這句名言作為自己的座右銘懸掛在店鋪裡、辦公室裡和工廠裡，懸掛在一個你可以隨時看見的地方。經常性的自省可以使生命的寓意變得更加寬廣和深遠。

偉大的目標使得美麗的人生有了可靠的基石。它督促我們去努力奮鬥，幫助我們排除那些足以毀滅我們前途的障礙。

如果人類沒有創造世界和改進自身條件的雄心壯志，世界還仍將處在原始落後的狀態。我們努力奮鬥去實現自己的雄心壯志，沒有什麼東西可以如此地堅定我們的意志。它引導我們去追求更高的目標，把更加美好的事物帶進了我們的世界。

從前，一個一無所有的年輕移民對我說：「我決心要追尋世界的真正價值。」這個決定非常有價值，因為他有了雄心壯志，它的目的是要成為一個對人類有用的人。

這個年輕人白天努力工作，晚上到夜校讀書，每時每刻都注意提升自己。

這就是一個有志者的例子，正是這種雄心壯志造就了林肯、安德魯・傑克遜、愛迪生和約翰・繆爾這樣的偉大人物。

有什麼比追尋生命價值更崇高的理想嗎？在雄心壯志的激勵下，我們可以無往不勝。

在不同的社會，不同的時代，人們的理想也各不同。一個人或一個國家的理想與其現實條件和未來發展潛力是緊密聯繫的。

很多年輕人的問題在於他們一開始就沒有明確的計畫，對於成功意志不堅定，缺乏有價值的目標。當他們跨入社會後，他們只是為了生存而找個工作，而工作還不一定適合他們，他們似乎對這些也不太關心。他們沒有任何雄心和抱負。

時代的巨大變革和社會的飛速發展已經使年輕人瞭解到了肩負的責任和理想的重要，但是我們可以看到，現實生活中仍然有許多年輕人沒有明確的理想和生活目標，他們漫無目的、得過且過、虛度光陰。他們就這麼按部就班地生活，隨波逐流。如果你問他正在做什麼，他的理想是什麼，他會告訴你：他其實也不知道自己想幹什麼，他只是等待著出現一些好機會。

阿道弗斯・莫納德說：「現在的問題是，我們總是大事不能做，小事不願做，結果我們一事無成。」

擁有出色的才幹、受過良好的教育和有健康的身體條件還不一定能夠取得成功。無數具備這三個條件的人仍然失敗了，或者過著平庸的生活，因為他們沒有以積極的態度去爭取成功。由於缺乏巨大的動力和崇高理想的激勵，他們的能力沒有得到充分地施展。

歌德說，人的一生中最重要的就是要樹立遠大的目標，並且以卓越的才能和堅強的意志力來實現它。

許多人沒有取得成功，不是由於自己的失誤，他們不再奮鬥只是由於一些人性弱點。他們中有的人缺乏堅韌、目標和意志，而有的則缺乏決斷力和勇氣。這些不幸的人如果能再繼續努力奮鬥，也許就可以獲得成功了。

如果你的動力夠強，與之相適應的能力也將隨之而至。如果你面前有一項非常誘人的目標在激勵著你，你一定可以變得更加積極，更具有創見，更加細緻而勤奮，更加機智而思慮周全，而且會有更加穩健清晰的頭腦，你也一定會獲得更好的判斷力和預見力。

你確立了雄心壯志，就請你集中精力為之奮鬥，而不要猶豫不決，意志不堅。不要給自己留退路，傾盡全力為了理想而奮鬥。只有集中精力，才可以獲得自己想要的成功。

花園裡的園丁懂得：「要修剪掉那些消耗著養料的無用的枝條。」為了那些重要的事情，你是否也應該集中精力放棄一些無關緊要的小事呢？如果你不能放棄那些牽扯你精力的瑣事，你就無法獲得成功。

成功是一個選擇和放棄的過程，是一種在有價值與無價值之間的選擇。為了追尋有價值的事情，放棄對你無價值的事情，可以使你贏得更充裕的精力。在餐桌上，運動員總是挑那些最能增強體質的東西吃，這是同一個道理。

只有受到偉大目標的激勵，只有執著地追求有意義的人生，你才可以在世界上做出一番大的成就。成就的大小與成就本身的性質，進取心和決斷力有關鍵的作用。如果你現在在這兩個方面還沒有做好充分的準備，從現在開始，你一定要努力地培養這個方面的品格，否則會一事無成。只有透過不懈的努力，才可以達到目標。一旦沒有進取心，我們就失去前進的動力；一旦動力消失了，我們就會一事無成。一個年輕人不是向上看，走上坡路；就是向下看，走下坡路。如果缺乏向上的精神，就一定會失敗。

一位年輕的速記員對我說，如果她覺得自己具有成為優秀速記員的潛力，她就一定會去學習，不斷地提升自己。但是，他現在也不知道自己是否能做到這一點，所以她沒有在這個方面作有效的努力，而是順其自然。但她沒有想到，無論怎樣，她都應該竭盡全力做好現在的工作，以使自己以後能獲得更好的發展機會。對她來說，可行的最佳投資就是讓自己有機會接受更多、更好的鍛鍊，這不僅會有助於她以後的發展，還會給她帶來心理上的最大滿足感。

如果你的能力有限，就越應該盡可能多地利用這種技能。如果你只有一項才能可以用來發展自己，你就應該比擁有十項才能的人更加努力，更加充分地利用這種唯一的才能。

面對挫折的堅韌意志

很少有人能領悟到生命的真諦，很少有人真正體會到我們存在的世界的壯麗，沒有人知道我們的將來是什麼樣子，也沒有人清楚我們對世界將產生巨大的影響。

在我們的身邊總有一些人，他們似乎對什麼事情都沒有熱情，對生命本身也缺乏激情，他們還總表現出一副萎靡的樣子，他們為什麼會這樣呢？

除非一個人的進取心遭受了巨大的挫折，或者因為一些原因在生活中找不到適合自己的位置，否則，他是不會失去生活的樂趣，不會對工作抱著消極態度的。我們發現一個人煩悶和焦慮時，我們能肯定，這個人在生活中遇到挫折了。由於某些原因，他覺得自己被理想欺騙了。而一旦失去進取心，他的很多才能就會失去作用。夢想的破滅給人帶來的痛苦，真是無法形容。知道自己能幹出自己的事業，卻由於環境所迫，經常做著自己討厭的苦差事，這需要多麼大的勇氣啊！發覺自己根本不可能實現心中的夢想，想到在以後的日子裡只能找尋一些個人的歡樂，想到自己只能幫助自己身邊所愛的人，而又要默默地忍受著那些令人心痛的失望，甚至是絕望，都是對人類心靈和意志力的最大考驗。

我們可以隨意地議論別人一事無成，但是也許我們和他相比，即使那個失敗的人也還是一個英雄。我們不知道，他們的心靈經歷著多少的苦難，他們的進取心又受到怎樣的挫折，他們怎樣忍受著希望破滅的無助。在沒有可能實現心中理想、撫平受傷靈魂的時候，他們必須堅強地繼續走下去，這是多麼巨大的痛苦啊！除了一種最基本的責任感以外，我們無法從這樣無望的奮鬥中得到任何有價值的補償。

我認識一個非常有個性的漂亮女人，她有很好的音樂天賦和動聽的嗓音。但是，由於她的丈夫認為，音樂只能作為一種興趣愛好，所以她在丈夫面前不敢輕易地提及音樂。

她所有的朋友都認為，她浪費了這項天賦太可惜了。她的丈夫雖然有能力負擔她學習音樂的任何費用，卻從沒有讓她接受正規的訓練，來發掘音樂方面的天賦與潛力。結果，自然是這女人的進取心受到很大的挫折。

她盡量不去想這件事，並完成自己作為妻子的責任。但是，那些真正瞭解她的人認為，她的才能在被慢慢地埋沒，她的進取心在被慢慢地摧毀。

有什麼事比扼殺一個人的天賦更罪惡的呢？這種天賦也許既可以為我們的生活增添樂趣，又可以讓我們獲得成功。有什麼事比壓制積極的進取心更殘酷的呢？有什麼事比使一個想要快樂的人感到痛苦，剝奪他施展自己的才能的權利更狠心的呢？但是，有許多的丈夫正是這樣無知，他們還覺得奇怪，為什麼自己的妻子總是沉悶，而不是快樂而充滿希望的呢？

許多丈夫在家裡不是沒想到妻子，而且很多人都認為自己是很慷慨的，但是他們卻只重視自己的事業和自己的雄心壯志，甚至潛意識裡認為妻子應該完全服從他們。

這樣，在家庭中，強烈的個人進取心經常忽視了其他成員的感受。

有些人為了滿足自己的野心而犧牲別人的利益，甚至有些人為了獲得名聲和享受而不惜一切代價，這是很可悲的。

很多婦女可以勉強地掩蓋自己的悲傷和失望，但這種失望會一生伴隨著她們。被迫放棄自己的事業理想對一個人來說是非常殘酷的。而且這種打擊所帶來的不良影響很難在心中抹去。而這種被剝奪追求理想權利的人在社會上是很多的，這樣，他們就成了社會上的弱者。**埃拉·威爾科克斯曾經對那些由於進取心受挫而感到失望的人說：「不要把精力浪費在對生活的失望上，做一些你喜歡的事情，在那個方面努力奮鬥，直到達到目的。開心地過好每一天，因為思維也有定性，如果你長時間沉浸在苦悶中，不可能在某一刻馬上興奮起來。」**

你應該充滿信心，世界上有一項非你莫屬的任務等待著你去完成，沒有人可以取代你，因為每個人都有自己的任務。如果你沒有找到自己的角色，你的人生就是不完美的，一個人只有在感受到這種巨大的責任壓力時，才更容易把自己的價值展現出來。這樣說來，生命也被賦予新的意義。

約翰‧盧伯克說：「很少有人能領悟到生命的真諦，很少有人真正體會到我們存在的世界的壯麗，沒有人知道我們的將來是什麼樣子，也沒有人清楚我們對世界將產生巨大的影響。」

我們的生命有一些遠大的目標，我們奮力去實現這些目標，固然是相對的。但我們也不能因此而忽略了幫助別人的樂趣，或者是感受真實的平凡生活。

我們不斷的追求進步、實現安寧和平，並且使人們得到快樂。

一個人的進取心對於社會來說，有非同尋常的意義，它意味著我們在不斷實現新的目標，我們的理想越來越宏偉，我們對自己和別人也更加充滿信心。進取心的真正意義在於它使人類沒有辜負上帝造人的目的，能給每個人帶來歡樂。

我們經常聽到這樣的故事，一個男孩在農場辛苦地勞動，幫助家裡還債，他受寵的兄弟被送進大學。這種困難的逆境激發了他的進取心，最後他取得比他上大學的兄弟更大的成功。

一個女孩為了照顧自己年邁的父母，放棄繼續學習的機會，或者是犧牲了自己的幸福。而最初對外面的世界也缺乏瞭解，但她最後獲得了比她上大學姐妹更大的成就，也許成了作家、藝術家或演員。

在那些卓絕的成功人士中，很多人不為我們所知。他們或許出身貧窮，或許身有殘疾，甚至於飽受困難，但是他們仍能憑藉堅強的意志和頑強的精神，充分地利用自己被賦予的巨大潛能，勇敢地挑戰生活。

高貴的心靈

里希特爾說：「最仁慈的心靈是人生最好的調劑品。它對堅硬而言是柔和，對難以克制而言是容忍，對冷酷的心靈而言是溫暖，對厭世而言是樂趣。」

一個寒冷、漆黑的夜晚、漫天風雪，城市的燈光在昏暗的籠罩下發出微弱的光，人們匆匆的趕回家，商店也準備關門了，女店員們站著工作了一天之後非常的疲憊，她們為了省錢，寧願不坐車，只好拖著沉重的步伐走回家去。

一個女店員在忙完了一天的工作後，踏著路上的積雪，正匆匆忙忙地趕回家。她看起來是一個瘦弱的女孩，穿著極為樸素，她身上一件薄薄的秋裝斗篷根本無法抵禦冬天的寒冷。很明顯的，這個女孩十分內向，她正神情專注地想著什麼。

人行道旁的小巷子裡坐著一個盲人，面對來去匆匆的路人，默默地賣著鉛筆。寒風夾著雨雪敲打在他的身上。他穿著單薄的衣服，他的手瘦如枯柴，然而他那凍得發紫的手指還緊緊地抓住那些鉛筆，飄落的雪片沾滿了鉛筆。

匆忙趕路的行人都從盲人的身邊走過，無人理會，女孩也沒有太注意，但當她走過了半個街區時，突然用手摸了摸自己的衣服口袋，然後轉身往回走。

女孩注視著這個賣鉛筆的人，當她發現這個盲人真的沒有任何表情時，就默默地將一枚一元硬幣遞到了盲人的手中，然後繼續走她的路。

但是，女孩又放慢了腳步，她好像有什麼事。

接著，女孩停下了腳步，轉過身來，快速跑到那條陰暗的小巷子裡，那男子正蜷縮在巷子裡。女孩望著這個男子，輕輕問道：「你真的瞎了嗎？」

男子抬起頭，一雙毫無光澤的眼睛望著女孩，做了一個奇怪的手勢，他指了指掛在自己的胸口的一塊褪色的徽章，原來他是美國聯邦軍退伍軍人。

「很抱歉，先生，」女孩愧疚地說，「請你把那一塊錢還給我吧！」

「哦。」瞎子應聲掏出了那枚硬幣。

女孩從口袋裡掏出一個極其乾癟的錢包。錢包裡僅有兩枚銀幣，這是她連續努力工作幾個星期所得的報酬，卻是她現在擁有的全部財產。女孩將其中一枚銀幣放到男子手中，對他說：

「看在上帝的面上，請你收下，然後回家去吧！」懷著對這個不幸男子的憐憫，女孩繼續走上了回家的路，她希望沒有任何人看到這一切。但……

一種希望別人得到祝福的渴望，可以讓人們體驗到天堂的感覺。

有一貧困的婦女知道了哥爾德史密斯博士偉大人格的事蹟，並且知道他研究過生理學。於是，她寫了一封信給哥爾德史密斯博士，希望他可以幫助自己的丈夫，她的丈夫早已失去食慾，而且非常憂鬱。哥爾德史密特博士答應幫助她，和這個病人進行一次長談以後，他發現，這是疾病和貧窮包圍這對夫婦。於是，他告訴這對夫婦，他們將在很短時間內聽到他的回覆，那時他會將他認為最有效的藥品寄給他們。哥爾德史密博士馬上趕回家，將幾枚金幣投進一個木盒子裡，並且貼上一個標籤，上面寫著：「必要時再使用。要有耐心，要有好心情。」

在美國南北戰爭的菲德里克堡戰役中，很多的北方聯邦軍傷兵在戰火紛飛的戰場上躺了一天一夜。傷員那痛苦的呻吟聲此起彼伏——「水，水，水……」但是他們身邊只有槍炮的轟鳴。最終，一個南方的士兵實在無法忍受傷兵們的哀嚎，請求長官讓他出去送水給這些傷員。長官對他說，如果現在出現在戰場上，那將必定被炮彈擊中。但對那士兵來說，痛苦的傷員們的呻吟已經佔住了他的心靈，於是他衝了出去，背負著供水這項神聖的使命，在遍地的傷員與瀕死之人間來回奔跑。雙方軍隊的視線都被這個勇敢的戰士所牽引。槍聲依舊接連不斷，他抱起一個的傷兵，慢慢地把他的頭抬起來，並將那清涼的水流進他乾裂的嘴唇裡。這一身灰色的男孩的行為震撼了南方軍隊的士兵：為了敵人的利益，他竟然奮不顧身，他們懷著崇敬的心情暫時停止了進攻。隨後，整個北方聯邦軍也停火了，這是近一個半小時的休戰。在這段特殊的時間裡，這個身著灰色的男孩跑在整個戰場上忙碌著，送水給那些口渴的、身體僵直、痙攣著的、雙腿傷痕累累的士兵們，他將帆布包墊在傷兵的腦袋下，並且在他們身上蓋了大衣與毯子，就像蓋在他自己的兄弟身上那樣，十分地溫柔。

戈登將軍有無數的獎章，他一點都不在乎它們。但是，他卻非常喜歡一塊金色的獎章，這是一位外國皇后送給他的，上面刻著一句特殊的題獻。然而，這塊獎章突然消失了，沒有人知道是怎麼回事。很多年後，在一次偶然的機會中，人們發現了它。原來是戈登將軍抹掉了獎章上的題獻，賣得了十英鎊，並將這些錢匿名寄送給了一個難民收容所。這個難民救護所是專門幫助那些在曼徹斯特的饑荒中受損的農民走出困境的。

這裡還有一則令人無法置信的故事，聽起來，它就像是一個東方的寓言。這個故事是關於一個西班牙的摩爾人，他正在花園裡散步，突然一個西班牙騎士闖了出來。這個騎士跪在他的面前，哀求他的幫助，他說他被一些人追趕，因為他剛剛誤殺了一個摩爾人。於是，這個摩爾人就答應他，可以讓他躲避在花園裡的一間屋中至午夜時分。到了午夜時分，這個摩爾人打開了小屋的門，冷靜地對他說：「我唯一的兒子就是你白天所殺的那個人，但我已經承諾過，不會出賣你的。」然後，他將這個殺人兇手抱上一匹馬，說：「快趁著黑暗的掩護逃離這裡吧！上帝是公平的，我沒有違背我的諾言，我已聽從了上帝的安排。」

里希特爾說：「最仁慈的心靈是人生最好的調劑品。它對堅硬而言是柔和，對難以克制而言是容忍，對冷酷的心靈而言是溫暖，對厭世而言是樂趣。」

品格的力量

優秀的個性和高貴的品格是所有的財富、所有的名譽所不能比擬的；個性和品格比什麼都重要。任何事物的背後都有個性和品格因素的存在——詩歌、圖畫、戲劇概不例外。

有一個古老的故事，講述的是有關一個古迦太基戰俘的故事，他被敵國放了回來，因為對方要求他向羅馬講和。但是他對羅馬執政者建議不要講和。「但是，雷古盧斯，你將會怎麼樣呢？」「我答應回去，而且我必須遵守我的諾言。但是你要拒絕講和。」

誰還能找到像他們這樣的人物呢？他們為了履行自己的承諾，竟不惜自己的生命。

一個人具有優秀的素質和高貴的人格時，我們就會發現在這個人的一生中，就擁有了最珍貴的東西。這種東西比獲得財富更重要、比天才更偉大、比榮譽更持久。愛默生說：「一個國家是否文明的象徵，不是人口數量的多少、也不是城市規模的大小、更不是物產的豐富，而是這個國家人民的素養、道德與品格。」在投石黨戰爭期間，蒙田沒有在莊園城堡的大門修建防禦措施，因為比起一個團的騎兵來說，他正直的名聲是更好的防禦設施。

惠靈頓在國會上說：「各位，你們應該都學習剛剛去世的羅伯特・皮爾爵士那崇高和值得令人尊敬的品格。一直以來，我都和他一起工作。我從來沒有見過哪一個人具有他這樣的正直與無私的人格。」偉大人物的高貴，難道不是一個國家的巨大財富嗎？夏多布里昂說，他曾經見過華盛頓，雖然只有一次，但卻影響了他的一生。**對於華盛頓，傑弗遜曾經這樣說：「整個國家的信任，都集中在他一個人的身上。」**至於為世人稱道的亞伯拉罕・林肯，連他的政治對手史蒂芬・道格拉斯都承認，甚至圍繞在林肯周圍的整個氣氛都是最令人感到安全舒適的。

優秀的個性和高貴的品格是所有的財富、所有的名譽所不能比擬的；個性和品格比什麼都重要。「任何事物的背後都有個性和品格因素的存在——布道、詩歌、圖畫、戲劇概不例外。缺少了人的個性和品格，所有的東西都毫無價值。」愛默生說：「我知道，那些聽過查塔姆演講的人都感覺到，比起他所講的東西，他表現出來的是一種更為偉大的東西。」

迪斯雷利曾經這樣說：「我們總是太在意事物的外表，很少注意它的內在本質。」山繆・詹森明智地認為，對於一個去任何地方旅行的人來說，見到美麗的景點和城鎮是次要的，更重要的是要見到傑出的人物。「走吧，」艾塞克斯勳爵對年輕的路特蘭德伯爵說，「走過一百多里路去和一位智者談話，比走上五里路去看一座美麗的市鎮要有意義得多。」馬丁‧路德說：「一個國家的財富，不在於其國民收入之多少，不在於軍隊之強大，不在於其城市建設之華麗，而在於其公民的素養、所受的教育、開明的程度和正直的品格。」我們另外的一個事例來自科伯恩的著作《弗朗西斯‧荷納的紀念碑》，他在書中寫道：

「荷納的事蹟很少被人提起，用來教育那些思想健康的年輕人，但這些事蹟具有巨大的價值。當他三十八歲時，他在民眾已有了很大的影響力，人們都崇拜他、愛戴他、信任他。而當他英年早逝時，所有有良知的人都為他感到深深地遺憾。」

「帕里蒙特贏得了很多的人們的尊敬。人們為什麼尊敬他呢？是靠著頭銜嗎？不，他只是一個愛丁堡商人的兒子。是藉助財富嗎？不，他和他的親戚朋友們從來都很少擁有很多的錢。是因為職務嗎？他曾經有過一個，但是只工作了幾年，沒有什麼努力，而且工資也不多。是經由才能嗎？他的才能並不出眾，而且他顯然沒有優異的天賦。他處事很謹慎，從來都是認真地處理事情，並盡量做得正確。是透過優秀的口才嗎？不，他說起話來很平靜，儘管有獨到的說服力，但是他從不使用讓人震驚或誘惑人的話語。是由於優雅的舉止嗎？不，他不過是一個端正的、友好的人。」

「那麼，又是因為什麼呢？就是明理、勤奮、美好的品行，還有一顆仁慈的心，這些品格對於思想健康的人來說都應該具備。正是他的力量使他與眾不同，並且這種品格不是別人賜予的，而是靠自己日積月累，從原先的品格中發現出來的。在眾人之中，有許多人有傑出的能力和辯才，但是在個人品行方面，以正確的方式運用這些能力方面，他無人能及。荷納的一生擔負著一種神聖的天然使命，那就是要顯示：我們的生活為競爭和嫉妒的情形充斥時，謙恭溫和的力量與教養和善良的心靈相結合，而不依賴於其他任何事物的幫助時，這些力量可以達到一種什麼樣的境界，獲得什麼樣的東西。」

薩克雷說：「上帝已經給某些人打上信用的烙印、信用的符號，無論他走到哪裡，這樣的人都將受到人們的尊敬。你見到他的時候，就會不由自主的相信他，因為在他們的臉上寫著『恪守承諾』這幾個字，讓人感到信賴，與另一個人的誓言相比，更相信那個帶給你信任感的人。」

這種素質，也就是成為「一個值得信賴的人」的素質，經常也是民主制度的一種基礎和保證。如果說在專制的俄國，亞歷山大一世本人就象徵著俄國憲法，在一個自由民主的國度上，我們的制度應該建立在國民基本道德的完善上。**老約翰·布朗說：「在建立和繁榮一個國家上，一個善良、強壯、健康的人，比一千個沒有品格的人有用得多。」**

「如果是值得我們信賴的人，無論他年齡的大小，身分的尊卑，」斯坦利牧師說，「我們

這是一本
成功學的絕對經典

知道，我們可以充分地信任他，在別人倒下時他依然堅定地站立著，他是一個忠誠可信的朋友，一個誠實無畏的勸諫者，一個兩肋插刀的俠客——在這個人的身上，有一種亙古不變、萬世流芳的高貴品格。」

金錢、權力、品格

品格不僅代表一個人的資本，更是道德的保證和最高尚的財富。「這是一個植滿了人類的美好願望與榮譽的莊園，人們投資於此將會得到報償，會有真正的榮譽，受到人們的尊敬。」

「陛下，在雅典吃一頓飯只用半個便士，而水，連一分錢也不用花！」蘇格拉底這樣回答阿克羅斯國王。這個國王想讓蘇格拉底放棄在骯髒的雅典街頭布道的生活與他回宮，住在金碧輝煌的宮殿中。

「我不稀罕那樣的東西。」愛比克泰德對一位富有的羅馬人表示他自己的財富觀點，「而且，在你身邊有許多比我更窮的人。你有銀製的器皿，但你的理性、道義和願望都是陶土製的。我不像你不停地閒逛，我的大腦裡有許多豐富的思想。你擁有的在你認為總是很少，我擁有的對我來說卻十分富足。你的欲望沒有達到，我卻總是十分樂觀。」

「我有個鄰居很有錢，」伊薩克・沃爾頓說，「他有時候很忙，連空閒開懷大笑都沒時間。他一生的工作為了賺錢，不停地賺錢，賺更多的錢，因此不停地幹著那乏味的工作，還常對人說：『勤奮的雙手創造財富。』這的確沒錯，但是他從沒想過財富並不足以給人帶來快樂，正如一位偉大的研究者所言：『在富人之中，痛苦的人比滿足的人更多。』別以為那些腰帶上總掛著沉甸甸的鑰匙的有錢人比我們幸福。為我們的健康、為自己的才能和良知而心懷感激吧！」

「金錢可以放棄，」布萊克教授對愛西堡大學的學生說，「權力可以放棄，自由甚至健康也可以放棄，但是品格是真正可以拯救我們的東西。」

愛默生說：「人類的真正的行善者，是這樣的人：他們教育人們告別穀物和金錢的世界；他們使人們對更高的自我感興趣而忘記他們的存款；他們把那些只顧賺錢的人帶入知識的領域，在那裡，金錢無法再衡量偉大和快樂；他們使口腹之欲消失，每個人都享用現實生命的歡宴。」

最富有的是什麼人呢？他努力使自己的國家變得富有；從他身上人們能體會到什麼是最為富有和最為自豪；他用自己的錢幫助別人；他向周圍的人敞開機會之門；有了他，聾人有了耳朵，瞎子有了眼睛，瘸子有了腿。是這個人使他所在社區裡的每塊土地都變得更值錢，並且使得住在附近的每個人都變得更富有。相反地，一個百萬富翁可能正在使他所住的鎮變得貧窮，相反地每一英尺土地的價值都因他而下跌。

品格不僅代表一個人的資本，更是道德的保證和最高尚的財富。「這是一個植滿了人類的美好願望與榮譽的莊園，人們投資於此將會得到報償，會有真正的榮譽，受到人們的尊敬。」

「我如何對別人，別人也會如何對我。」一個製革工人收下一個學徒時，他對學徒如此說道。後來，誠實、好心和勤奮使這位學徒獲得了雇主的信任。「亨利，」弗萊德說，「在你學成後，我想送給你一件好的禮物。那是什麼東西，我暫不對你說，但它對你來說會超過一百磅的價值。」

學徒期滿之後，製革工人對徒弟說：「我會把你的禮物交給你的父親，」接著他還說了一句話，「我要告訴你父親：『你的兒子是我見過的人中最好的男孩。』這就是我送給你的禮物——一個好名聲。」這時，亨利原先那獲得物質的想法破滅了。但後來他的父親對製革工人說：「我情願聽到這些關於我兒子的話，而不是你給他金錢，因為『一個好名聲就是巨大的財富』。」這個男孩自己努力得到好名聲，這是他自我行為的回報。「沒有一個好名聲，金子，就沒有價值；身分，就無法使人高貴；地位，也沒有什麼尊嚴；美麗，也不會有什麼魅力；高齡，也不會使人尊敬。」

「品格就像最有價值的股票，」如同哈特福德的哈維斯博士所說，「一個人一旦能擁有它，他將擁有使它增值的更大能力。品格是力量——就是影響力。品格能使人廣交朋友，創造財富，贏得幫助和支持，而且它為通向財富、名譽和歡樂打開了一條寶貴的道路。」

一種優秀的品格就是無價的財富，比寶石、金子、皇冠或者國王的地位都更具有價值，世界上更高貴的工作就是塑造這種品格的工作。賺錢是一種行為，可是人的思想變得貧窮時，消滅了人精神生活的豐富資源時；消除了人對美的感受，並且使人們無視大自然和藝術的奇景時；當它使道德感變得遲鈍，並且混淆了對與錯、善與惡的區分時；當它窒息了宗教的衝動，並且玷污了靈魂深處所有對於上帝的思考時，賺錢就是最惡劣的罪惡行徑。

把時間分開，一半用來來提高我們的審美能力，一半用來培養我們的賺錢才能，這十分重要。一個人不能光憑麵包活著，還需要一種無形的精神食糧。人們需要花很多錢買食物來餵養一個肉體。一個健全的人的思想與靈魂，在要求真、善、美方面，比肉體要求物質食物顯得更為渴望而迫切。

一個人永恆的財富就是品格，與一位有品格的人相比，即使一個百萬富翁看起來也只是一個窮光蛋。房屋、土地、股票和債券與品格相比又算得了什麼呢？偉大的靈魂居住在簡陋的小房子裡，比可憐的奴隸居住在豪華的大房子裡要好得多。簡樸的生活，豐富的思想和艱苦的努力才是真正的財富。

金錢根本無法衡量一個人的財富和他的價值。一個人有許多金錢，而心靈一片貧瘠；有一片廣闊的莊園，理解力卻十分狹隘，他的「財富」對他來說意味著什麼——他的「價值」將為他贏得什麼？一個年老之人將他的一生耗費在追求財富而不是在發展自身上是一件最可悲的事情。他的靈魂皺縮成一個吝嗇鬼的靈魂，他所有較為高尚的感覺都已經死去，他會還富有嗎？

有這樣的人，一臉橫肉，當他說起他們發家史——僅僅索取而沒有付出時竟然毫無掩飾，還自以為榮，你會稱他為成功人士嗎？——他把別人的財產奪過來，而成全了自己。一個使別人成為窮人的人是真正富有的人嗎？他面部可惡貪婪，在別人眼裡如同一頭狼所表現出來的饑餓感，這種人能快樂嗎？這個世界把人分成等級後，那些自認是「成功者」的人臉上，其實沒有甜蜜、平和、安寧的表情！大自然在人的臉上和行為方式上刻上了某種記號，這一切在起著統治人心的作用。

「品格比財富更有用，」波士頓著名商人阿莫斯・勞倫斯把這句話記在他的筆記本上，當作座右銘，「如果一個人丟失了靈魂，即使他得到整個世界，也毫無用處。」

「你明白嗎？先生，」一位財迷心竅的人和約翰・布萊特交談的時候說，「我值一百萬個銀幣。」「是的，」布萊特有點憤怒，但還是含蓄地說，「是的，我明白。而且我知道，你的全部價值就是這些。」

「生活經常用無比精確的刻度來衡量我們，」洛威爾說，「而且生活可以讓我們明確地知道每個人有多少價值，甚至精確到最細微的程度。」

愛默生說：「我不應該讓任何人覺得，因為他擁有大片的土地就可以在我們面前表現他的富有，我應該讓他知道，沒有他那大筆的財富，所有的事情我一樣可以做到，誰也無法收買我——富貴不能淫，威武不能屈，貧賤不能移。就算我真的一無所有，且必須從他那裡得到麵包，他在我面前仍然比我更窮。」

「平時，我們說一個人已經獲得『成功』時，」亨利·比徹問，「你們想表達什麼？是否想說明他已經控制了他那低級的，而僅僅為了取得那些較高級的感覺，而且使自己品格的力量得到增強呢？是否表示這個人的情感如同藤蔓，蔓延到所有正在開花的精神領域，把果實牢牢地抓住了呢？或是表示他的品味被培養起來，一切美麗的事物都能給他帶來心靈上的愉悅呢？或者還意味著他的理解力已經被挖掘了出來，每個知識的殿堂他都去過，收集到所有的智慧財富呢？這時，他的道德感也得到提高了，變得敏銳起來，使他可以和天堂進行直接的對話呢？哦，不——一切都不是。這句話通常只表示這個人心靈、思維和情感已經冰冷而僵化，他感官上的東西是唯一的生物，而且他的價值只值五萬美元！」

一生的財富

「說一個人已經『家道中落』時，是不是他的妻子和孩子都死了呢？哦，不是的。是不是妻子和孩子離他而去了呢？哦，也不是。是不是犯罪喪失了名譽呢？不是的。我們平常說的是，他失去他的財富，這樣他就『家道中落』了。它完全垮掉了！其實，我們犯了個極大的錯誤。到什麼時候我們才可以真正的認識到『一個人的生命價值並不取決於他擁有的財富的多少』呢？」

有一個晚上，一個破產的商人回到家中，他向賢惠的妻子說：「親愛的，我完了。我們的全部財產都落入了法官手中了。」妻子望著他，一字一字的問他：「法官會賣了你嗎？」「哦，當然不會。」「法官會賣了我嗎？」「怎麼可能呢？」「那麼，別說我們已經失去一切。我們最有價值的東西全都還在——你、我、還有孩子。只是我們用能力和勤奮所獲得的成果沒了。只要我們的心靈和雙手沒有丟，我們還能創造另外的一筆財富。」

只要一個家庭意識到頭腦和心靈的巨大財富，只要一個家庭跳動著一顆愛心時，貧窮和破產怎能擊垮這個家庭呢？

擁有高貴的靈魂和充實的頭腦，最卑微的家庭也會籠罩上一層美麗的光芒，是裝修工人和建築師永遠無法做到的美麗。誰不想成為一個品格上的百萬富翁呢？又有誰想做一個除了擁有金錢財富外什麼也沒有的人呢？促進人類文明發展的人全是富有的，離開人世時哪怕身無分文，但後人會為他樹立起高貴的品格和傑出貢獻的紀念碑。

身體的健康和快樂的心情是一些人最大的財富，他們總是十分興奮，活潑愉快的秉性是他們天生的，使他們能超脫於日常的困擾和麻煩之上，絲毫不同於一般人。另外在品格、家庭和友誼上也有一些人特別富有。有些人很受歡迎，大家都喜歡他；還有些人具有鼓舞人心的非凡力量，他們使周圍總是縈繞著一種歡樂的氣氛。

人們辛苦累積起來的財富——一堆的金錢與人類最寶貴的智慧、知識、才幹和美麗相比又算得了什麼呢？人們都可以看到，世界上很多偉大成就都是依賴於人類的一些非物質力量形成的。在過去一百代人的發展過程中，人類的道德與知識已經十分完善，正是這些財富在影響感化著無數人的頭腦。

「一個國家真正成功的標準是什麼？」洛威爾說，「就是在思想、道德、智慧、歡樂方面，它為人類所做的貢獻滿足人類精神的渴望和心靈需求的程度。」

關於真正的財富的性質問題，我們已經瞭解了，接下來要注意的是，在自己的早期生活中每個人都應該養成節儉的習慣，每天要做一定的工作；要謀生；考慮到人的生老病死，都要努力地節省一些錢，在緊急情況下就能做到經濟的自立；要避免拖欠債務；幫助別人；所有這些有益的、神聖的關於節儉的生活準則都要嚴格遵守與學習，要如同遵守十誡一樣虔誠——每個星期工作五天，一生不偷盜、不撒謊、不貪婪。

生活的最重要課程對年輕人來說，就是學會形成正確的價值判斷。一個年輕人開始他的生活時，他需要各式各樣的商品，而且種種誘惑會吸引他去購買這些商品。於是，他的判斷能力就十分重要，不要被他面前各種事物的表面價值所迷惑，而要設法去發現其中真正的價值。他將面對上千種誘惑，每個工作和職位對他都會有其特殊的吸引力。因此，一個想獲得成功的年輕人不能使自己受到蒙蔽，自己生命的定位應該放在那些最適合自己、最恰如其分的位置上，認真地做好每一件事。

很多孩子帶著對生活的錯誤觀念、帶著對什麼是成功的錯誤看法邁入社會，是否很讓人擔心呢？社會鼓勵他們去努力奮鬥，「在世上出人頭地」，並且要「賺很多很多錢」。然而，他們最重要的課程就是，在競爭如此激烈和適者生存的時代，哪怕自己沒有賺到錢，仍能保證自己很富有；還要學會在惡劣的條件下怎樣獲得成功。

「我認為，」朱利婭·豪說，「許多年輕人正在慢慢瞭解真正的成功是什麼，那就是一種有價值的生活：這種生活無論是富有的還是貧窮的，條件優越的還是一般的。這一切都不重要，關鍵是我們都要有謙卑的態度，保持純潔、正直的生活準則，並且堅定地投身於推動符合人道主義的事業。對於真正有價值的成功來說，最有力的保證就是這樣的做法和信念。」

「一個人成功的目的如果不是為了人類生活的美好、歡樂、福利的考量，」弗朗西斯・威拉德說，「這樣的成功永遠都是失敗的。」

在我們跨出人生的每一步時，只有極少數人能帶著一顆真誠的心靈去說話、去行動。他們認為所有的榮譽都是精神上的獎勵，金子或世俗的趣味與它無關！這個時代真正偉大的人就是他們。他們心態安寧地投身到平凡的日常工作中，他們大多數的時間與思想都放到對更高事物的追求上。

「一個人使心胸裝滿優雅，或使一條血管充滿美德，是很快的，」菲里普斯・布魯克斯說，「就如同使一顆心靈盛滿財富一樣。」

愛默生說：「你想瞭解品格與人性的力量，請想像一下，如果彌爾頓、莎士比亞和柏拉圖這三個非同凡響的人從人類歷史記錄中清除掉，徹底忘掉他們原來存在過，這個世界還富有嗎？」

任何時候，我們都能保持一貫的溫柔、可愛和無私，能做到恪守誠實的準則嗎？能以典範人物的要求來生活，充實我們自己短暫的生命嗎？那麼，我們的口袋就算是空的，但我們不貧窮，我們擁有更高貴的資產——品格，它無比珍貴，永遠也毀壞不了。

素養和品格的修煉

在現實中，學習別人的優點是每個人應該做的，不要學虛弱，也不要學愚昧，而是學習別人的健康與美德。然後，使自己成為一個強有力的人。

豎立著的雕像，它們是一種對稱結構——要追求一種理想狀態。每個的品格是不是也都建立在一種獨特的個人理想基礎之上的呢？每個人是不是也都會為自己制定規範來約束自我行為，因此而去培養美好的品格呢？

我驚歎，一旦一首歌曲被唱起，歌者的心靈卻唱得更為甜美！

我驚歎，一首聖歌響起，所有韻律超越了歌中的思想。

我驚歎一個雕塑家開始創作，冰冷的石頭上將迴盪他熱情洋溢的思想！

我驚歎，一個畫家運用著光線與陰影，描繪他內心最深處的夢想！

洪保德說過：「每個人都應該有一個目標，那就是使他自己力量保持高度和諧的發展，以達到一個完美高尚的境界。」

追尋著這個目標的都是有抱負的年輕人，他們不能像剖開玫瑰花那樣去詳細地分析一個人的品格，他們不會刻意記錄下自己生命的成長階段和自己生活的法則，他們活得簡單正派，具有一種獨特的生命之美。

在繪畫大師的作品中，都有一個中心的思想或形象，周圍的其他事物具有襯托它的作用，它們的目的不是它們本身，而是為了表現一個中心主題或形象。因此，在上帝創造宇宙之中，任何被創造出來的事物都有一個目的，他唯一的目的——那就是人。人是宇宙中最偉大的生靈，為了創造出一個完美的典型，所有的時代都在努力，這就是創造完美的人類生活的過程，也是創造一種思想生活狀態的過程，尚在發展的階段。生活就是一種美好的藝術，雕塑、繪畫、音樂、建築和詩歌的創作都比它容易，所以學會生活的藝術是每個人嚮往的。

阿佩利斯多年向希臘人學習繪畫，在種種美女圖中畫出點睛之筆他都學會了，這裡畫上一隻眼睛，那裡畫上一個前額，這裡是畫一個鼻子，那裡畫上一個優雅的動作或是一種美的神態，這些高超的技巧他都學到了，然後他將所有這些畫美人的點睛之筆集中到一張圖上，那張畫就成了著名的美女圖，這張畫上美人的神情幾乎令世人傾倒。由此可以看出，真正完美的人是混合型的，很多的優點和美好的特徵都集中表現在他身上。在現實中，學習別人的優點是每個人應該做的，不要學虛弱，也不要學愚昧，而是學習別人的健康與美德。然後，使自己成為一個強有力的人。使自己有獨立的創見，善於保持心理狀態的平衡，做自己的主人。他的感覺十分敏銳，對外界的環境能很快做出反應，哪怕是大自然中最細微的觸碰也能讓他感受到。

你見過雕塑家雕刻的過程嗎？雕刻刀的不斷移動，使雕像的面部表情變得富有神采和個性。正如一個教師說言，「雕像的神采和特徵，簡單的一筆難以做到。要經過無數道過程的努力工作才可以塑造出來。這項工作十分費時，但到了最後，雕像的面部特徵與真人十分相似，而且這種特徵被永久地固定到了堅硬的大理石上。人格品性的塑造也是同樣過程，他把他自己的思想觀念相似的東西雕刻出來，實際上他每天都會在這項工程加上一些東西。」

「在我上次來過後，你說你做了改進，但我看不出來。」一個評論家看著米開朗基羅的一幅作品說。「但是，」這個雕塑家說，「這個地方我已經修改過了，那個地方磨光了，這裡柔和些了，還勾勒出了那塊肌肉，使這片嘴唇的表情更豐富，使那條腿更有力量。」「但這一切都是微不足道的細節啊！」「也許是微不足道的。但能夠創造出完美常在於細節的改進，完美不是微不足道的。」

「米開朗基羅花了無限耐心，帶著對藝術的無限忠誠，用一星期去表現一座塑像的某塊肌肉；同樣的，荷蘭畫家格拉德・道因為有耐心，也用了一天的時間去表現一滴露珠落在葉子上的完美效果。」造成了成功與失敗之間的全部差異的還是這種東西。

一位有名的藝術家得到一個人送的一塊巨大的、美麗的瑪瑙石，但上面有一點點鐵銹的痕跡，整塊石頭因此看上去毫無價值，他想看看這位藝術家能否運用自己的功力來彌補這個缺陷，在這塊有瑕疵的瑪瑙石上這位偉大的藝術家雕刻出了一個可愛女神的形象。於是，將最普通的石頭、最平常的事物被藝術家轉變成他的生命中一件無比美麗的東西。如果他是以平和的心態和從普通事物中發現美的原則來做這件事，美麗、仁愛、寬容、滿足、慈祥和歡樂卻可從石頭上感受到。

學會從所有的生活事物中尋找美，並且把美注入生活中！那麼，一個人的想像力將變得活躍，思想也會更開朗。一個人假如熱愛美並且善於發現美，在他生命中處處都是美的東西。他的靈魂深處如果有音樂聲響起，他到處都能聽到音樂的迴響，自然中的一切事物都將為他歌唱。生活將充滿韻味，也不會只是一個夢想，上帝的力量與愛將時刻在我們身上表現。

如果你自己追求的目標是美、快樂和和諧，並注入到生活的各個方面，即使你的工作和職務看起來十分卑微，你也可以由一個工匠人變為一個藝術家。你覺得自己被強迫著去做某種工作，這項工作你會對它產生強烈的不滿；你如果以一種傲人的姿態去從事它，帶著一種對美的洞察力去體會這項平凡工作中的美，這項乏味的工作也會變得十分有趣。

我們的工作的價值與高貴程度，與工作本身是否體面並無關係，而是我們對待工作的心態。人們去開墾出許多土地，建造許多房屋時，有一種偉大的開拓精神，任何物質上的報酬都比不上這種精神更鼓舞人心、更有力量，這種精神甚至超過創作出偉大史詩的精神力量。

心學堂 25

這是一本
成功學的絕對經典
一生的財富

作者　奧里森・馬登
譯者　肖衛
美術構成　騾賴耙工作室
封面設計　九角文化/設計
發行人　羅清維
企劃執行　張緯倫、林義傑
責任行政　陳淑貞

企劃出版　海鴿文化
出版登記　行政院新聞局局版北市業字第780號
發行部　台北市信義區林口街54-4號1樓
電話　02-2727-3008
傳真　02-2727-0603
E-mail　seadove.book@msa.hinet.net

總經銷　知遠文化事業有限公司
地址　新北市深坑區北深路三段155巷25號5樓
電話　02-2664-8800
傳真　02-2664-8801

香港總經銷　和平圖書有限公司
地址　香港柴灣嘉業街12號百樂門大廈17樓
電話　（852）2804-6687
傳真　（852）2804-6409

CVS總代理　美璟文化有限公司
電話　02-2723-9968
E-mail　net@uth.com.tw

出版日期　2023年09月01日　二版一刷
定價　360元
郵政劃撥　18989626　戶名：海鴿文化出版圖書有限公司

國家圖書館出版品預行編目（CIP）資料

這是一本成功學的絕對經典：一生的財富
／ 奧里森・馬登作 ； 肖衛編譯.
-- 二版. -- 臺北市 ： 海鴿文化，2023.08
面 ； 公分. -- （心學堂；25）
ISBN 978-986-392-499-9（平裝）

1. 成功法

177.2　　112010972

SeaEagle

SeaEagle

SeaEagle

SeaEagle